주식회사 이야기

자본주의를 지탱해 온

주식회사 이야기

회사라는 개념의 탄생부터 법적, 제도적 의미와 사회적 책임까지

이준일 지음

이콘

추천사

만약 삼성전자, SK하이닉스, 현대자동차 등의 주식회사가 없었다면 우리나라는 어떤 상황일까? 아마 50년 전의 가난한 농업국가 한국의 모습이 그러했을 것이다. 그때와 같은 나라라고 여기기 어려울 만큼 한국은 정말 큰 변화를 겪었다. 한국뿐만이 아니라 이런 주식회사들의 탄생과 발전 때문에 전 세계적으로 산업화가 일어났고, 그 결과 세계 인류는 상대적으로 과거보다 훨씬 잘살게 됐다. 즉, 주식회사는 자본주의의 탄생과 발전에 핵심적인 역할을 했다고 할 수 있다. 주식회사 덕분에 우리나라도 이제 선진국의 반열에까지 올랐다.

이렇게 주식회사는 우리 생활과 '뗄려고 해도 뗄 수 없을 정도'로 밀접한 관련성이 있지만, 그럼에도 불구하고 우리는 주식회사에 대해 정확히 알지 못한다. 많은 학문 분야 각자의 입장에서 단편적으로만 주식회사를 봐온 탓이다. 주식회사를 그저 주식으로 자본을 마련하는 회사 정도로만 알고 있는 경우도 많을 것이다. 주식회사가 자본주의 사회에 미친 영향에 비해서 너무 피상적인 관심만 받고 있는 것 같아 아쉬움이 생긴다.

이 책은 주식회사의 탄생부터 발전과정, 역할, 운영, 투자, 이익배분, 지배구조 등 주식회사에 대해 알아야할 모든 것을 소개한다. 우리 사회를 굴러가게 하는 주식회사에 대해 다방면으로 보여주고 있다. 방대한 내용이지만, 가장 핵심적인 내용만 골라 요약해서 소개하기 때문에 주식회사에 대한 모든 것을 잘 파악하는데 도움이 된다.

주식회사 제도에 대한 미사여구만을 소개하는 것이 아니다. 주식회사의 단점이나 지배구조를 악용하는 일부의 사례 등 주식회사 때문에 파생된 문제점, 그리고 주식회사가 앞으로 나아가야 할 방향에 대해서도 소개한다. 따라서 이 책의 독자는 주식회사에 대한 큰 그림을 얻을 수 있을 것이다. 누군가는 꼭 해야 하지만 이제까지 아무도 엄두를 내지 못하던 번거로운 일을 맡아 수행해서 이 책이 탄생하도록 한 저자 이준일 교수의 노고에 찬사를 보낸다.

최종학(서울대학교 경영대학 교수)

우리 주변에서 주식회사란 단어는 어렵지 않게 접할 수 있습니다. 어린 시절 마트에서 구입했던 과자의 포장지나 무심코 보았던 광고를 통해서 다양한 주식회사의 이름을 접하기도 하고, 주식회사에 취직하여 월급을 받고 그 돈으로 많은 분들이 주식에 투자를 하고 있습니다. 하지만 이렇게 우리의 삶과 밀접하고, 중요한 주식회사에 제대로 알고 있는 분들은 많지 않습니다. 심지어 하버드 경영대학원에 입학하는 MBA 학생들도 주식회사에 대한 기본적인 개념을 제대로 공부해 보지 못한 경우도 있습니다.

마찬가지로 일반인이 주식회사에 대해 자세히 알기란 쉽지 않습니다. 시중에도 주식회사에 대해 설명한 책을 찾는 것도 쉬운 일이 아닌데, 그 이유는 아마도 주식회사에 대해 일반인이 쉽게 이해할 수 있도록 설명하는 것 자체가 어렵기 때문일 것입니다. 이준일 교수님의 「주식회사 이야기」는 지금까지의 책들과 분명히 다르고 접근하기 쉬운 책입니다.

이 책은 주식회사가 어떻게 구성되는지 그 설립 과정뿐만 아니라 주식회사의 채권이나 주식이 무엇이고, 어떻게 발행되고 거래되는지 직관적인 예시와 실제 기업의 사례를 통해서 알기 쉽게 설명하고 있습니다. 또한 제가 회계학을 가르치면서 정말 중요하다고 생각하고 있는 다양한 개념들, 예를 들어, 이익잉여금, 잔여이익청구권 등의 의미와 외부감사의 필요성에 대해서 적절한 비유와 예시로 누구나 이해할 수 있도록 설명되어 있습니다. 이외에도 주식회사의 경영자가 어떤 인센티브를 가지고 있는지, 그것이 주주와 채권자 등의 투자자에게 어떻게 영향을 미칠 수 있고, 효과적인 기업의 지배구조가 어떻게 이런 문제를 해결할 수 있는지 등 주식회사를 이해하는 데 있어 중요한 내용을 친절하게 설명해 주고 있습니다.

이 책을 읽고 나면, 왜 우리나라 기업들이 배당을 적게 하는지, 지배주주와 비지배주주 사이에 존재하는 상충된 이해관계가 무엇인지 등 회계사 같은 전문가들만 알 것 같은 내용도 자신 있게 답하실 수 있으실 겁니다. 이처럼 「주식회사 이야기」는 경영학을 공부하는 학생 및 향후 창업을 준비하는 분뿐만 아니라 모두에게 좋은 안내서이자 참고서가 될 것입니다.

강정구(하버드대학교 경영대학원 조교수)

머리말: 자본주의에서 주식회사의 의의

오늘날 우리가 이렇게 풍요롭게 살 수 있는 것은 수많은 기업이 여러 물건과 서비스를 제공하기 때문이다. 사람들은 기업 아래 모여 각자 특화된 분야를 맡아 생산량을 비약적으로 늘릴 수 있었다. 기업이 없었을 때에도 사람들은 분업을 했지만, 기업만큼 조직적이지는 못했다. 그리고 기업에서 일해 번 돈으로 살아가는 것이 오늘날 평범한 사람들의 모습이다.

자본주의 경제체제에서 기업은 생산을 담당하는 핵심 엔진이라고 할 수 있다. 그러면 자본주의에서의 '생산'은 다른 경제체제와 무엇이 다를까? 자급자족을 위한 경제체제에서의 생산은, 주로 자신의 소비를 위한 것이다. 왕, 귀족, 정부 등 통제기구의 명령에 따르는 경제체제에서의 생산은 통제기구의 목적에 따른 것이다. 자본주의에서의 생산은 이윤을 위한 것이다.

누군가의 명령에 의해서가 아니라 스스로의 이익을 위해 일하는 만큼, 자본주의에서의 생산은 자발적인 혁신의 노력을 이끌어 놀라운 성과를 이루어냈다. 먼 과거와 비교하지 않아도 알 수 있다. 지난 20년간 전 세계적으로 극빈층의 비율은 줄어들었고, 평균수명 역시 1800년대 대략 30세에서 1973년 60세로 크게 올랐고, 오늘날에는 72세에 이른다.

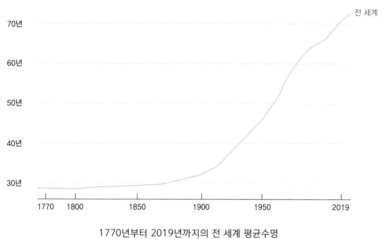

1770년부터 2019년까지의 전 세계 평균수명
출처: https://ourworldindata.org/life-expectancy.

이 눈부신 발전 과정에서 주식회사는 핵심적인 공헌을 했다. 주식회사는 일자리의 대부분을 제공하고, 전 세계 GDP에서도 큰 비중을 차지한다. 2013년부터 2020년까지 매출액 기준으로 세계에서 가장 큰 회사는 월마트Walmart로서, 2020년 기준 매출액이 5,591억 달러에 이른다. 환율 1,200원을 적용하면 약 6,710조 원에 이르는 엄청난 금액이며, 약 230만 명을 고용하고 있다. 우리나라에서 가장 큰 회사인 삼성전자의 2020년 매출액은 2,007억 달러로서 세계 15위를 기록했으며 약 27만 명 정도를 고용하고 있다. 우리나라 가구당 평균 인원 3.1명을 적용하면 약 83만 명이 삼성전자의 고용에 의해 생계에 도움을 받고 있으며, 납품회사와 대리점 등 연계 기업까지 고려하면 그 수는 훨씬 많아진다.

주식회사는 현재까지 인류가 만들어낸 가장 효율적인 혁신의 기관이자 생산 수단이라 할 수 있다. 주식회사는 새로운 제품과 기술, 공정을 개발하고 대량의 물품을 저렴한 값에 공급할 수 있게 해주었다. 그 결과 인류의 생활수준이 과거에 비할 수 없을 만큼 높아졌다. 도대체 주식회사의 어떠한 특성이 이렇게 놀라운 발전을 가능하게 한 것일까?

발전을 위해서는 위험을 감수하고 도전을 해야 한다. 기업의 역사는 그 자체로 모험의 역사라고도 할 수 있다. 지금은 스타트업Startup이라 부르지만, 첨단 기술 분야에서 막 시작한 소기업을 예전에는 벤처Venture 기업이라고 불렀다. Venture는 모험, 탐험이라는 뜻으로, 회사를 설립해 키워나가는 것 자체가 모험인 것과 일맥상통한다. 초기 기술 기업에 주로 투자하는 VCVenture Capitalist에서도 흔적을 찾을 수 있다.

새로운 것에 도전하는 것은 언제나 쉽지 않은 일이다. 사업 역시도 불확실성과 위험을 안고 미지의 세계에 뛰어 드는 것이다. 이 과정에서 대부분의 창업자들은 실패를 경험하며, 투자한 돈이나 시간에서 큰 손실을 겪게 된다. 경우에 따라서는 아예 회복이 불가능해지기도 한다.

여기서 주식회사는 '위험을 감수하고, 도전을 할 수 있는 구조'를 갖추어 아이디어와 능력을 갖춘 사람이 모험에 나설 수 있도록 도와주는 역할을 한다. 역사적으로 기업의 주인은 실패했을 때 기업의 채무(빚)와 손실에 대해 개인이 모두 책임을 지고 갚아야 하는 의무가 있었다. 그런데 주식회사는 회사가 아무리 많은 채무를 지고 파산하더라도 개인은 그 채무를 전부 부담하거나 책임을 지지 않아도 된다. 자신이 투자한 지분의 한도까지만 책임을 지면 되기 때문에, 더 새롭고 놀라운 도전을 가능하게 했다. 다음과 같은 상황을 생각해보자.

"내가 회사를 운영하다가 경영실패로 망했다. 공급받은 물품의 외상대금, 은행에서 대출받은 채무 등이 많아서 회사가 가진 재산으로 갚을 수 없게 되었다. 하지만 이 채무는 회사가 갚아야 할 것이지 내 개인재산으로 갚아야 할 것은 아니다."

쉽게 이해가 가는 얘기는 아닐지도 모르겠다.

채무에 대한 책임에 한도를 지우는 '유한책임'이라는 개념은 사업을 하는 사람과, 그 사람이 운영하는 회사를 분리해 보자는 생각에서 출발했다. 회사를 단지 사람이 소유하는 대상이 아니라 하나의 주체로 보는 것이며(법인격), 투자자(설립자)와 회사는 서로 다른 주체이니 회사가 망했을 때 회사의 빚은 회사의 투자자가 아니라 회사 자체가 책임질 일이라는 것이다.

'법인격'과 '유한책임'의 결합은 진실로 대범한 발상이다. "돈을 대주고 밀어줄 테니 사업 한 번 해 보게나. 실패해도 책임을 묻지 않겠네"라는 말을 제도화한 것이다. 이런 기회가 있다면 누구나 한번쯤은 과감하게 도전해보고 싶을 것이다. 주식회사의 이런 특징은 다수의 투자자로부터 투자를 유치하기 용이하게 했다. 반대로 무한책임을 져야 한다면 쉽게 기업을 설립하거나 투자하지 못할 것이다. 회사가 망했을 때 채권자들이 찾아와서 설립자나 투자자에게 회사의 빚을 갚으라고 독촉할 수 있기 때문이다.

주식회사는 소수의 지인 관계를 넘어 다수의 일반인으로부터 사업에 필요한 자금을 조달하고 사업을 통해 얻은 이익을 체계화해서 나누는 획기적인 생각이었다. 자금이 없더라도 능력이 있다면 다른 사람으로부터 투자를 받아 주식회사를 설립할 수 있었고, 이것은 신분이나 배경보다도 능력이 중시되는 세상으로의 변화를 이끌었다. 왕실이나 귀족, 대상인들의 허가나 연줄, 투자가 없더라도 사업을 일으킬 수 있고 부를 생산해 나눌 수 있게 된 것이다. 예전 같으면 불확실하다는 이유로 시도조차 하지 못했을 과감한 프로젝트와 대규모 사업에 투자를 할 수 있게 되었고 그 과실을 다수가 나눠가질 수 있게 되었다.

주식회사를 통해 도전과 혁신을 가속화할 수 있었던 것에는 주식시장에서의 자유로운 주식거래도 기여한 바가 크다. 일반적으로 사업이 성장해 안정적으로 이익을 벌어들이기까지는 많은 시간이 걸린다. 하지만 주식의 가격은 미래에 대한 기대에 따라 즉시 오르내린다.

주식시장을 통해 지분을 매도하면, 창업자 및 투자자들은 자신의 노력에 대한 큰 보상을 빠르게 받을 수 있다. 보상을 받기까지 걸리는 오랜 기다림의 시간도 줄어들었으니, 투자자들은 더욱 적극적으로 투자하게 되었다. 주식시장은 대규모 자본 확충을 가능하게 했을 뿐만 아니라, 창업자나 초기 투자자에게 빠르게 보상을 주어 사업에 대한 도전을 독려했다.

조직으로서도 주식회사는 혁신을 추구한다. 과거에도 새로운 지식이나 기술로 혁신을 이루려는 열망이 있었지만, 일부 사람에게만 해당되는 일이었다. 대부분의 사람은 관행적인 방식으로 계속 일했고, 인류의 생산성에는 큰 변화가 없었다. 하지만 주식회사가 등장하고 그 수가 늘어나면서,

생산성은 일부 특수한 사람들이 아닌 모두의 과제가 되었다. 회사에서 일하는 수많은 사람들이 집단적으로 어떻게 하면 혁신을 이룰 수 있을지, 어떻게 하면 더욱 많은 생산을 효율적으로 할 수 있을지를 고민하게 되었다. 역사상 이렇게 많은 사람들이 혁신을 위해서 집단적으로 고민한 적이 없었다. 주식회사 자체가 거대한 혁신집단인 것이다.

주식회사는 당연한 제도 같지만 대단히 놀라운 제도이다. 주식회사 제도로 인해 쉽게 자본을 모아 기업을 설립하고, 투자를 통해 누구나 자본가가 될 수 있다. 최초의 주식회사인 네덜란드 동인도회사가 설립되었을 때부터, 하녀, 과부, 직공 등 가난한 사람들도 자신의 형편껏 소액으로 투자를 했다. 오늘날에는 국내 기업뿐만 아니라, 미국이나 중국 등 해외기업의 주식도 쉽게 살 수 있다.

주목해야 할 점은 주식회사가 갖고 있는 제도적 특징이 하루아침에 정립된 것은 아니며 지속적으로 개량되어 온 계약상의 발명품이라는 것이다. 주식회사는 유럽에서 최초로 등장했지만, 본격적으로 규모가 커진 것은 미국에서였다. 그동안 수많은 계약 관계와 판례를 통해 정형화된 것이다. 현재의 제도도 완성된 것은 아니다. 앞으로도 변해갈 것이니 기업에 대해 너무 고정적인 시각을 가질 필요도 없다.

이제 이 놀라운 주식회사를 다양한 측면에서 살펴보자. 그동안 주식회사에 대한 설명들은 법학, 경제학, 경영학 등 개별적인 관점에서 따로따로 분리되어 논의되어 왔다. 이 책은 개별적으로 논의되어온 주식회사에 대한 주요 사항들을 엮은 것이다. 세밀함을 추구하기보다는 전체적인 맥락과 개념을 이해하는 데 초점을 맞추었고, 되도록 어려운 용어보다는 일상의 용어로 풀어나갔다.

이 책의 순서는 다음과 같다. 1장은 법적인 측면에서 회사를 다룬다. 조금 어려울 수 있으니 가볍게 읽고 넘어갔다가 책 전체를 읽은 후에 다시 돌아와도 좋다. 2장은 자금조달을 중심으로 주식회사를 살펴본다. '주식'이라는 것이 근본적으로 무엇을 의미하는지를 조망할 수 있을 것이므로 투자자에게도 도움이 될 것이다. 3장은 2장에 이어서 주식이 거래되는 주식시장의 의의에 대해서 살펴본다. 4장은 주식회사의 역사적 발달과정을 살펴보고, 오늘날 주식회사의 형태가 어떻게 형성되었는지 확인한다. 또한 앞으로 회사의 형태도 얼마든지 변화할 수 있음을 과거의 사례를 통해 환기하고자 한다.

5장과 6장은 기업의 의사결정 구조와 관련한 내용이다. 특히 기업지배구조는 근래 화두가 되고 있는 ESGEnvironmental(환경), Social(사회), Governance(지배구조)의 한 축을 차지하고 있다. 기업지배구조의 가장 기본적인 원리를 5장에서 다루고, 6장에서는 한국기업과 관련된 지배구조 문제를 다룬다. 6장은 어려운 내용이 나오므로 처음에 보았을 때 이해가 잘 가지 않는 것은 자연스러운 일이다. 7장은 현재 논의되고 있는 기업지배구조 관점에 대한 비판 및 기업이 사회적 책임을 져야하는 이유에 대한 생각들을 정리했다. 8장은 우리가 흔히 가지고 있는 주식회사에 대한 오해들을 살펴보면서 건전한 비판의 토대를 다지고자 한다.

현재의 기업이나 주식회사 제도는 완전하지 않다. 정도의 차이일 뿐, 현대 사회도 여전히 과거와 유사한 문제로 고민하고 있다. 그럼에도 불구하고 주식회사 제도는 과거의 많은 한계를 보다 효과적으로 극복해왔고, 지금도 많은 이들의 노력을 통해 극복하고 있다. 주식회사는 앞으로도 새로운 혁신을 통해, 더 놀라운 미래를 만들어갈 것이다.

이 책이 주식회사를 총체적으로 이해하는 데에 도움을 주어, 갈등을 줄이고 우리가 살고 있는 세상을 조금 더 나은 곳으로 만들 수 있는 새로운 생각들을 이끌어내는 데에 일조했으면 하는 것이 저자의 바람이다.

어설픈 원고에 대해서 귀중한 조언을 주신 분들께 감사드린다. 동료 교수이자 친근한 벗인 김세일, 김영준, 박지훤, 선우혜정, 안혜진, 오승환, 이유진, 조현권, 최아름, 하원석, 현지원 교수님께서 보내주신 피드백은 원고의 방향을 정하고 수정하는 데에 큰 도움이 되었다. 김문철 교수님은 초고를 꼼꼼하게 읽으시며 가르침을 주셨고, 쓰리빌리언의 강기현 이사는 스타트업 서술에 대하여 검토해 주었다. 금융감독원의 이상수 변호사는 법적으로 부족한 지식을 보완해 주어 큰 힘이 되었다. 책의 모든 오류는 저자의 탓으로서 계속 수정하고 보완해 나갈 것임을 말씀드린다.

방황하는 저자를 학문의 길로 이끌어 주신 곽수근 교수님과 학문적으로 성장하게 해주신 최종학 교수님께 깊은 감사의 인사를 올린다. 책을 쓰는 과정에서 가족의 희생과 응원이 있었다. 큰 일들을 겪어내면서도 힘을 잃지 않는 아내 이주희와, 웃음을 주는 아들에게 고맙다는 말을 전한다. 그리고 어려운 시기마다 믿어지지 않을 만큼 홀연히 나타나서 아무런 대가도 없이 도와주신 분들이 계신다. 저자의 불찰로 제때 인사를 드리지 못하였음에 사죄를 드리며 이 자리를 빌어 깊은 감사의 인사를 올린다. 끝으로 이 책을 사랑하는 아버지 영전에 바친다.

목차

3장 상장회사는 무엇인가

4장 주식회사의 역사는 모험이다

5장　기업지배구조의 개요

6장　우리나라 기업지배구조 현황

7장   지배구조와 사회적 책임

8장   주식회사에 대한 오해들

1장

기업, 회사는 무엇인가

우리의 삶과 기업들

7시. 스마트폰 알람 소리에 눈을 뜬다. 기지개를 한 번 켜고 일어나 정수기에서 물을 한 잔 따라 마신다. 세면대에 물을 받고서 비누로 세수를 한다. 거품을 내어 꼼꼼하게 면도를 하고, 로션을 바르고 옷을 입는다. 아침은 전기밥솥으로 갓 지은 밥에, 냉장고에 보관한 밑반찬과 새벽배송으로 받은 신선한 샐러드를 먹는다. 식사 중에 잠깐 메일을 확인하고, 메시지에 답을 하고, SNS를 살펴본다. 지하철을 타고 가면서 웹툰도 보고, 동영상을 시청하다 보면 어느새 일터에 도착한다. 여느 날과 다를 것 없는 출근길 일상이다. 남들과 다를 바 없는 평범한 아침이다.

이 모든 과정에 기업이 있다. 스마트폰(삼성전자), 정수기(웅진코웨이),

수돗물(한국수자원공사), 세안제품(LG생활건강)과 면도기(도루코), 전기밥솥(쿠쿠), 새벽 배송(쿠팡), 냉장고(LG전자), 통신서비스(SK텔레콤), 메일(구글), 메시지(카카오), SNS(인스타그램), 대중교통(서울교통공사), 웹툰(네이버), 동영상(넷플릭스). 이게 끝이 아니다. 이러한 소비들을 이어주는 결제 서비스를 제공하는 신한카드까지. 우리는 기업이 제공하는 제품과 서비스를 숨 쉬듯이 사용하고 있다.

그렇다고 해서 우리가 단순히 기업의 소비자이기만 한 것은 아니다. 기업에 노동과 자본을 제공하기도 한다. 기업에서 일을 해 보수를 받거나, 재료나 물건을 납품하기도 하고, 기업에 돈을 빌려주어 이자를 받기도 하고, 주식에 투자를 하기도 한다.

이토록 우리는 기업과 밀접한 관계에 있지만, 기업에 대해서 과연 얼마나 잘 알고 있을까? 이번 장에서는 기업과 회사에 대한 정의, 특히 법 규정을 통해 기업이 어떤 존재인지 살펴볼 것이다. 법적인 내용이 다수 등장하지만 '주식회사' 제도를 이해하고, 더 나아가 '기업지배구조'에 대해 깊게 이해하기 위해 필요한 지식이다. 어렵고 복잡하더라도 크게 걱정할 필요는 없다. 부담스러운 경우에는 일단 건너뛰었다가 책의 나머지를 읽고 나서 다시 돌아오자.

기업과 회사

우리는 '기업'이라는 말도 쓰고, '회사'라는 말도 쓴다. 기업과 회사는 같은 의미일까?

예시를 통해 살펴보자. 우리는 "회사에 간다"라고 말하지, "기업에 간다"라고는 하지 않는다. "우리 회사 사장님은 너무 꼰대야"라고 말하지, "우리 기업 사장님은 너무 꼰대야"라고 말하는 경우는 드물다. 즉, 우리의 말버릇에서는 '내'가 속하거나 관련된 경우 '회사'라는 말을 더 많이 쓰는 경향이 있다. "나는 회사 다녀" "우리 회사 좋아" "우리 제품을 판매하는 회사"와 같은 표현들도 있다.

"한국 기업의 문제점" "한국 회사의 문제점" 같이 둘 다 별 문제없이 호환 되는 경우도 있다. "재벌 회사" "재벌 기업"도 마찬가지다. 반면 "대기업" "소기업"과 달리 "대회사" "소회사"는 어색한 느낌이 든다.

이렇듯 기업과 회사는 유사하게 쓰이지만 서로 완전하게 호환되는 말은 아니다. 일상에서 굳이 구분할 일은 없으니 그 차이점이 크게 중요하지 않게 느껴졌을 수도 있다. 이제 기업 및 회사와 관련 있는 정의들을 살펴보면서, 필요한 경우 두 단어의 엄밀한 의미의 차이가 무엇인지 확인해 보도록 하자.

기업이란?

기업이란, '사람들이 모여서 함께 일을 해 돈을 버는 조직' 정도로 말할 수 있다.

어원을 살펴보면 종종 본질을 이해하는 데 도움이 된다. 기업이나 회사를 영어로 Company라고 하는데 라틴어 companio에서 비롯되었다. Com은 '함께'라는 뜻이고 panis는 '빵pan'이라는 뜻이므로, companio는 함께 빵을 먹는 사람들, 우리말로 한솥밥을 먹는 사람들이라고 생각할 수 있다. 라틴어 companio가 프랑스에서 compagnie의 형태로 변형

되어 '사회, 우정, 친밀함, (군)부대' 등의 의미를 가졌고, 영어에 흡수되어 company가 된 것이다. 어원을 생각하면 company는 '함께 무언가를 한다'는 것에 무게를 둔 표현이다.

한자로 기업企業에서 기企는 '도모할 기, 꾀할 기'로 읽는다. 사람人과 발을 형상화한 지止가 만난 글자로 사람이 발돋움을 해 멀리 앞을 내다보는 모습을 생각하면 된다. 업業은 일이라는 뜻이니, 기업이란 앞을 내다보며 대책과 방법을 꾀하는 것이라고 할 수 있다. 서양과 동양의 의미를 모두 합치면, 기업이란 '여러 사람이 모여서 앞날을 내다보며 일을 하는 조직'인 것이다.

그렇지만 이 정의로는 어느 집단이든 기업이라고 할 수 있다. 현대자동차나 LG전자는 기업이 확실한 것 같지만, 아르바이트생을 고용해 운영하는 동네 편의점도 기업인걸까? 가족들이 함께 운영하는 순대국밥집은 어떨까? 그리고 기업이 '여러 사람'이 모여서 하는 것이라면 '1인 기업'이란 단어는 성립할 수 있는 것인가?

기업의 성격

기업이란 말은 일상에서 흔히 쓰이는 말이지만 법에서 기업을 따로 정의하지 않으며 법에서는 '회사'에 대해 정의를 할 뿐이다. 일단 생활이 어려운 사람들의 구호를 목적으로 하는 자선단체나, 국가를 운영하는 정부조직은 기업이라고 할 수 없을 것이다.

기업은 '일상적으로 물건이나 서비스를 생산하고 판매하기 위해 구성한 조직체' 정도로 생각할 수 있다. 보통 사적인 이익을 얻기 위해 영업을 수행하지만, 공기업과 같이 공익성을 가진 기업도 존재한다.

기업의 활동은 물건이나 서비스를 생산하고 판매하는 것이다. 우리가 보고 만질 수 있는 물건을 '재화'라고 하고, 형태는 없지만 우리의 필요를 충족시켜주는 서비스를 '용역'이라고 한다. 전자제품이나 자동차를 제조하는 기업은 재화를 생산하는 기업이며, SK텔레콤이나 KT 등 통신망 제공자, 네이버, 구글 같은 인터넷 기업, NC소프트 등 모바일 게임 기업은 서비스를 제공하는 기업이다. 교육, 보험, 은행, 컨설팅, 미용 등도 서비스에 속한다.

재화나 서비스를 제공한다는 측면에서 기업과 사적인 이익을 위한 다른 조직과의 차이가 드러난다. 노동조합, 변호사회, 전국경제인연합회, 화물연대 등 회원들의 이익 증대를 위해 모인 이익단체interest group는 특정 계층의 이익을 주장하기 위해 모인 조직이지만 재화나 서비스를 생산하고 판매하려는 목적의 조직이 아니므로 기업이 아니다. 동창회 역시 동문의 이익을 위해 모였지만 기업은 아니다.

기업 역사학의 대가인 하버드 대학의 알프레드 챈들러 교수는 기업을 다음과 같이 정의했다.

"기업firm은 공급업자, 유통업자, 직원 및 종종 고객과 계약을 체결하는 법인legal entity이다. 기업은 또한 행정기관administrative entity이기도 하다. 기업 내에 분업을 하거나, 하나 이상의 활동을 수행하는 경우 이러한 다양한 활동을 조정하고 감독하기 위해 관리자 팀이 필요하기 때문이다. 일단 기업이 설립되면, 기업은 축적된 기술learned skills, 물적 자본physical facilities 및 유동 자본liquid capital의 모임pool이 된다. 마지막으로, '영리' 기업들은 자본주의 경제에서 현재의 재화 및 서비스 생산과 분배를 수행하는 도구

이자, 미래의 생산과 분배를 위한 계획과 할당을 수행하는 도구로 역할 하였으며 지금도 그러하다."[1]

이 정의에서 기업은 법인이라는 성격과, 조직과 경영이라는 성격을 가진다. 기업은 인적 자원과, 설비 등 물적자본, 자금의 결합체이며, 자본주의 경제에서 희소한 자원을 효율적으로 활용하여 생산하고 배분하는 핵심적인 기능을 한다.

경제적인 측면에서의 기업

경영학이나 경제학적 측면에서, 기업은 노동labor과 자본capital이 결합되어 생산 활동을 하는 조직이다. 자본은 사업 등에 투자한 돈을 의미하는데, 현금이라기보다는 공장이나 기계와 같은 생산수단자본재, capital goods으로 이해하면 된다. 즉 여러 사람들이 생산수단을 활용하며 재화나 서비스를 생산해 소비자에게 제공하는 조직이 기업이다.

경영학에서 기업은 이윤profit을 남기기 위해 생산한다. 이윤은 판매를 통해 벌어들인 수입revenue에서 원가cost 또는 비용expenses을 차감한 값이다. 재화나 서비스를 만들고 제공하기 위해서 투입된 자원인 재료비, 인건비, 임대료 등을 원가나 비용이라고 한다. 이윤을 얻기 위해서는 투입한 자원보다 더 높은 값을 받을 수 있는 가치 있는 것을 생산해내야 한다. 즉 '가치Valve 〉 가격price 〉 원가Cost'의 부등식이 성립해야 한다. 조금만 더 구체적으로 들어가 보자. 소비자가 재화나 용역을 구매하려면 소비자가 느끼

1 Chandler, Alfred D. (1992): "What is a Firm?" European Economic Review, 36, 2, 483-492.

는 가치가 기업이 매기는 가격보다 커야 한다. 그리고 기업이 이익을 남기려면 소비자에게 파는 가격보다 원가가 작아야 한다.

예를 들면 스마트폰을 샀을 때 누리는 효용과 가치가 스마트폰의 가격보다 커야 소비자들이 스마트폰을 산다. 그리고 스마트폰의 판매 가격보다 원가가 낮아야 기업은 이윤을 남겨 생존할 수 있다. 애플의 아이폰은 소비자들에게 매우 높은 가치를 주고 있기에, 애플은 원가보다 훨씬 높은 가격으로 스마트폰을 판매하며 막대한 이윤을 얻고 있다.

요약하자면 경제적인 측면에서의 기업은 투입한 자원보다 더욱 가치가 있는 물건(재화)이나 서비스(용역)을 생산해 이윤(가치 창출)을 얻기 위한 목적으로, 노동력과 생산수단을 결합한 조직체인 것이다.

회계적 측면에서의 기업

법적인 측면이나 경제적인 측면에서의 기업의 모습은 널리 알려져 있다. 회계학에서 기업을 따로 정의하지는 않지만 기업 내부를 바라보는 관점이 도움이 되기에 소개한다.

회계에서 바라보는 기업의 활동 과정은 다음과 같다. 1)투자자로부터 자금을 조달한다. 2)조달한 자금으로 시설 등에 투자한다. 3)투자한 설비로 생산을 하고 판매를 해 이익을 벌어들인다. 4)벌어들인 이익을 다시 투자하거나 투자자에게 돌려준다.

회계에서는 이러한 기업 활동 결과를 재무제표라는 여러 가지 표로 요약해 나타내는데, 그 중 현금흐름표는 기업의 활동을 3가지로 구분한다. 방금 밝힌 기업의 활동 과정과 비교해보며 읽어보자. 각각 1)재무활동 현금흐름, 2)투자활동 현금흐름, 3)영업활동 현금흐름으로 구분된다. 영업활동에서 벌어들인 현금은 다시 2)투자활동이나 1)재무활동에 투입하는 것으로 이해하면 된다.

참고로 재무학^{Finance}의 관점은 회계와 유사하지만, 투자활동을 궁극적으로 영업을 위한 것이므로 보아 따로 구분하지 않고 영업활동에 포함시켜서 광의의 영업활동과 재무활동 두 가지로 바라본다.

회사란?

회사^{會社}에서 회^會와 사^社는 둘 다 사람이 모였다는 뜻으로, 무언가를 이루기 위해 '사람들이 함께 한다'는 의미가 강조된 단어다. 기업에 대한 법적 규정은 따로 없으나 회사에 대한 규정은 상법에 존재한다. 일반적으로 기업과 회사가 동의어처럼 사용되지만, 기업이 회사를 포함하는 더 큰 개념이다. 뒤에 나올 주식회사나 기업지배구조에 대한 좀 더 깊은 논의를 위해, 번거롭더라도 회사의 법적 정의를 짚고 넘어가도록 하자.

상법 제169조는 회사의 특성으로 '영리성'과 '법인성'을 든다. '영리성'은 회사 외부에서 돈을 벌어서 투자자인 구성원에게 분배한다는 것을 의미한다. 기업은 영리를 추구하나 공기업처럼 공익성을 추구하기도 하니 일단 회사는 기업의 일부라고 생각할 수 있다.

'법인성'의 법인^{法人}이란 글자가 말해 주듯이 법인은 법^法적인 사람^人이다. 진짜 사람은 아니지만, 조직의 구성원과 별개로 조직 자체가 인격을 가진다는 의미다. 법적으로 사람처럼 자신의 이름으로 계약을 체결하고, 재산을 가지고, 책임을 지는 것 등을 인정해주겠다는 것이다. 즉, 회사는 영리를 추구하는 조직체인 기업 중에서도, 법인法人인 기업을 일컫는다.

법인에 대해 좀 더 살펴보자. 회사는 법인으로서 회사 설립과 존속을 위해 돈이나 노동을 제공한(출자한) 사람과 별도의 개체로서 존재하며, 이들과 별개의 권리와 의무를 가진다. 법적으로 사람처럼 권리·의무의 주체가 될 수 있는 인격을 가지고 있으므로, 회사의 재산은 회사의 것이다. 회사를 설립하거나 운영하는 사람들이라고 해서 마음대로 회사의 재산을 가져갈 수는 없다.

예를 들어 현대자동차는 법인인 회사이다. 그러므로 정의선 회장이 현대자동차 매장에 들어가서 현대자동차의 허락 없이 개인적인 용도로 마음대로 승용차를 타고 가버리면 절도나 횡령이 될 수 있다. 현대자동차 매장의 자동차는 현대자동차 주식회사의 재산이지 정의선 회장 개인의 재산이 아니기 때문이다.

상법상으로 '회사는 영리성, 법인성을 가진 기업'이라고 요약할 수 있다. 따라서 영리를 추구하는 조직체인 기업일지라도, 법인성이 없는 조직이라면 상법상 회사는 아니다. 비법인 기업이라고도 부르는데, 흔히 자영업 형태가 비법인 기업이다. 피자가게, 치킨집, 과일가게, 피아노 학원 등은 대부분 개인이 사업을 소유하고, 의사결정을 하고, 이익을 가져가고, 손실을 모조리 부담하는 개인사업자이다. 사업체에서 번 돈으로 생활을 하고, 개인의 이름으로 사업체의 물건을 사고 판다. 주인이 가게의 수입을 개인 통장에 넣어 두었다가 납품대금으로 지급하거나, 생활비로 써도 아무런 문제가 없다. 개인과 사업체가 구분되지 않는 것이다. 대형 음식점과 같이 규모가 커지고 종업원을 다수 고용하게 되더라도, 사업체를 별도의 법인으로 등록하지 않는 한 회사는 아니다.

개인사업자와 법인사업자

정식으로 사업을 하기 위해서는 사업자등록을 하고 세법상 세금을 내야 한다. 비법인기업 사업자는 '개인사업자'로, 법인기업 사업자는 '법인사업자'로 등록할 수 있다.

개인사업자란 등록된 대표자가 경영의 모든 책임을 지는 사업자를 말한다. 공인중개사, PC방, 음식점, 세탁소 같은 자영업의 경우는 대부분 개인사업자로서 비법인기업이며 세무서에서 사업자등록을 하는 것으로 간단히 설립할 수 있다. 이 경우 개인(사업자, 주인)과 기업(사업체)이 분리되지 않는 한 몸 같이 여겨진다. 소유도 경영도 모두 개인의 것이다.

음식점을 예로 든다면, 돈을 빌릴 때 음식점 명의가 아닌 주인 개인의 명의로 빌려야 하며, 갚아야 할 책임도 주인에게 있다. 번 돈도 주인의 것이기에 마음대로 개인적인 용도로 써도 전혀 문제가 없다. 개인사업자라고 해서 주인 혼자서만 일하는 것은 아니고 직원을 고용할 수도 있다.

개인사업자(자영업)가 아닌 경우는 법인사업자이다. 법인사업자는 먼저 사업을 시작하는 자가 '법인'을 설립해야 한다. 법인을 설립하기 위해서는 설립자가 적법한 서류를 작성해 설립등기를 하면 된다. 등기 등 법률적

요건을 충족하면 법인이 탄생하는 것이다. 회사의 상호, 주소, 자본금의 규모, 회사 사업의 목적, 임원 등에 대해 서류를 작성해 해당 지역의 등기소에서 설립등기를 하면 되는데, 마치 사람이 출생신고를 하는 것과 마찬가지라고 생각하면 된다.[2] 설립등기를 하면 그 회사는 법인격을 갖추게 되고, 등기가 완료된 후 세무서에 사업자등록신청을 하면 법인사업자 등록이 완료된다.

이제 법인은 법적으로 독립적인 존재로서 법인과 법인 소유자는 별개의 개체가 된다. 계약의 주체도 법인이 되며, 그에 따른 책임도 법인이 진다. 예를 들어 자동차의 결함으로 사고가 발생하면, 피해자는 자동차 회사를 소유한 투자자가 아니라 자동차 회사에 손해배상을 청구한다. 사업을 통한 소득도 법인의 것이 되므로, 회사의 지분을 소유한 자가 마음대로 가져가서는 안 된다. 배당이라는 법적인 절차를 거쳐야 비로소 이익을 분배받을 수 있는 것이다.

현대자동차, 삼성전자, 포스코와 같은 대형 회사들은 널리 알려진 법인이다. OO법무법인, OO세무법인들도 이름이 말해주듯이 법인이다. 단, OO사단법인, OO재단법인 등도 쉽게 접할 수 있으나 이들은 법인이지만 재화와 서비스를 생산하고 판매하는 것을 목적으로 하지 않으므로 기업으로 보기 어렵다.

---

2 등기(謄記)는 오를 등(謄), 기록할 기(記)이니 '기록에 올린다'라는 뜻이다. '이러한 기업이 있습니다'라는 것을 사람들이 널리 알 수 있도록 공식적인 명부에 기록한다는 의미다.

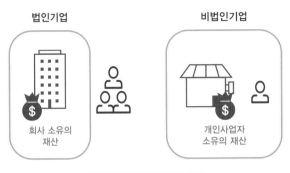

법인기업과 비법인기업의 차이

참고: 법인은 실재하는가

유발 하라리Yuval Harari는 그의 저서 『사피엔스』에서 "사자는 우리 종족의 수호신이다"처럼, 허구를 말하고 공유할 수 있는 능력이야말로 인간의 독특한 측면이라고 말한다. 허구를 공유하며 인간은 개개인의 상상을 넘어서 집단적으로 상상을 공유할 수 있게 되었다. 서로 모르는 사람들이 신, 국가, 인권, 자유, 법, 정의 등 허구이지만 공통의 신화를 믿음으로써 성공적으로 협력을 할 수 있게 되었고 수십만 명이 거주하는 도시나 국가를 건설할 수 있게 되었다. 인간은 강, 나무, 사자와 같은 객관적 실재와 신, 국가, 법인이라는 가상의 실재 속에서 살게 되었고, 시간이 흐르면서 가상의 실재는 더 강해져 미국이나 구글 같은 가상의 실재들이 강, 나무, 사자와 같은 객관적 실재의 생존을 좌우할 정도가 되었다.

프랑스의 자동차 회사 푸조Peugeot를 통해 '법인'이라는 신화를 살펴보자. 1896년 아르망 푸조Armand Peugeot는 회사를 세우고 싶어 변호사에게 비용을 지불했고, 변호사가 그에 따라 올바른 의식과 필요한 주문과 맹세를 마쳤다고 선언하자(등기와 법적절차) 회사 '푸조'가 존재하게 되었다. 프랑스 시민들도 마치 푸조가 정말 존재하는 것처럼 받아들이게 되었다. 그리고 푸조는 2008년에 150만 대가 넘는 자동차를 생산했다. 그런데 세계 곳곳에 있는 푸조의 노동자 20만 명은 대부분 서로를 전혀 모른다. 이때 푸조는 존재로서 어떤 의미를 가지고 있을까?

푸조의 물리적인 자산(공장, 설비, 자동차)과 임직원(경영관리자, 생산노동자)을 모두 합친다고 해서 푸조가 되는 것은 아니다. 재앙이 닥쳐 공장이 파괴되고 임직원들이 대부분 사라진다고 해도, 회사는 돈을 빌려 새로 직원을 고용하고, 공장을 짓고, 설비를 구입할 수 있다. 경영자와 주주가 회사인 것도 아니다. 경영자와 주주가 변경되어도 회사는 존재한다. 그런데 판사가 푸조의 해산판결을 내리면 물리적 자산과 임직원, 주주가 모두 살아 있어도 푸조는 사라져 버린다.

푸조는 인간의 집단적 상상력이 만들어낸 허구이지만, 법적인 실체로 존재한다. 인간과 같이 회사는 법을 따르고, 은행과 거래를 하고, 자산을 소유하고, 세금을 내고, 소송을 당한다. 그리고 사회적 협의에 의해 법적으로 해산하게 되면, 그 존재가 없어져 버린다.

기업의 분류

사람을 성별, 나이, 국적 등으로 구분할 수 있는 것처럼, 기업도 필요에 따라 여러 기준에 의해 구분할 수 있다. 기업은 흔히 자본의 출자자나 규모 등에 따라 구분한다.

자본금의 출자자에 따라서는 공기업과 사기업(민간기업)으로 구분할 수 있다. 출자자出資者는 기업에 필요한 투자금을 대는 사람으로서, 말 그대로 자금資金을 내놓는出 사람者이다. 출자자가 민간인인 경우에는 그 기업을 사기업 또는 민간기업이라고 하고, 정부인 경우에는 공기업이라고 한다. 사기업은 다시 개인기업과 법인기업으로 크게 나눌 수 있다.

또는 흔히 규모에 따라 대기업, 중기업, 소기업으로 구분하기도 하며, 법률상 규정에 따라서 회사를 합명, 합자, 유한, 유한책임, 주식회사 등으로 구분하기도 한다. 그러나 어떻게 구분해도 사람은 사람이듯이, 기업은 여전히 기업이다. 앞서 다룬 기업의 의미를 다시 한 번 되새겨보자.

출자와 지분의 의미

기업을 시작할 때 가장 먼저 맞닥뜨리는 문제는, 바로 사업에 필요한 자원을 조달하는 것이다. 사무실, 책상, 컴퓨터와 같이 기본적인 것부터 시작해 더 크게 공장 및 설비 등 사업 운영에 필요한 재산을 마련하는 데에 돈을 포함한 자원이 들어간다.

출자란 사업에 참여하고자 하는 사람들이 모여서 사업에 필요한 돈 등 자원을 내놓는 행위를 의미한다. 대부분 돈을 내어 출자를 하지만, 반드시 돈의 형태일 필요는 없다. 금전적인 가치가 있는 것으로도 출자를 할 수 있다.

예를 들어, 토지나 건물과 같은 부동산이나, 특허권, 브랜드 사용권, 캐릭터 사용권 같은 무형의 재산을 내놓을 수도 있다(현물출자). 회사를 위해 노동력을 제공할 수도 있고(노무출자), 회사를 위해 보증을 할 수도 있다(신용출자). 즉 어떠한 형태로든 회사에 투자를 한다면 그것은 출자다.

출자를 통해 회사라는 단체를 구성하는 구성원을 '사원'이라고 한다. 우리에게 익숙한 회사에서 급여를 받고 일하는 사람으로서 사원과는 다르다. 상법상으로 사원은 사업운영에 필요한 회사의 재산을 마련하기 위해 출자(투자)를 한 '출자자' 또는 '투자자'로 이해하기를 바란다.

사원은 회사에 투자한 대가로 자신의 몫을 주장할 수 있다. 투자한 만큼 회사의 공동주인, 동업자, 소유자가 되는 것이다. 출자에 대한 대가로 생긴, 회사에 대한 자신의 몫을 출자지분出資持分, shares이라고 한다. 단순히 지분持分이라고 쓰기도 한다.[3] 특별히 주식회사의 사원을 주주라고 일컫는다. 주주 역시 회사의 한 부분을 가지는 동업자다.

반드시 알아두어야 할 점은, 출자는 회사에 '돈을 빌려주는 것'과는 매우 다른 행위라는 점이다.[4] 출자를 하면 회사에 대해 자신의 몫인 지분이 생긴다. 회사의 사업이 잘 되면 자기 몫에 해당하는 만큼 이익을 함께 나누어 받아갈 수 있고, 잘 되지 않으면 자기 몫에 해당하는 만큼에 대한 손실을 감수해야 한다.

반면 '돈을 빌려주는 것'은 원금을 빌려주고 이자수익을 얻기 위한 것

---

3 지분이란 한자어를 보면 가질 지(持), 나눌 분(分)이므로 나누어 가진 몫(shares)을 잘 표현했다고 할 수 있다.
4 동일한 용어를 사용하지만, 광의와 협의에 차이가 있어 혼란을 일으키는 용어가 있다. 바로 자기자본과 타인자본에 관련한 용어들이다.
  좁은 의미로 자본은 소유주지분(Equity)을 의미하지만, 넓은 의미로 타인자본(Debt)을 포함해 '자본'(Capital)이라고 사용되기도 한다. 투자나 출자(Investment) 역시 일반적으로 자기자본투자(사원과 같이 소유주지분에 투자하는 것)를 의미하지만 종종 타인자본투자(회사에 돈을 빌려주는 것)를 포함하므로 맥락상 유의해 해석해야 한다. 지분 역시 마찬가지다. 일반적으로 지분은 소유주지분(주주지분)을 한정해 말하지만, 넓은 의미로는 채권자지분(부채)을 포함해 일컬을 수 있다.

이다. 회사가 잘 되든 잘 되지 않든 상관없이 정해진 이자를 받고 때가 되면 원금을 돌려받을 권리를 갖는다. 회사 실적과는 무관하게 정한대로 받는다. 이 차이는 금융에서, 특히 주식과 채권의 차이를 이해하는 데에 매우 중요하므로 뒤에서 더 살펴보도록 한다.

기업의 형태

이제 기업의 형태에 따라서 각 기업의 특성을 알아보도록 하자.

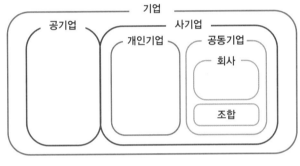

기업의 형태와 범주

공기업과 사기업

앞서 출자자에 따라 기업의 종류를 구분할 수 있다고 했다. 출자자가 국가 및 지방자치단체(이하 '정부')인 경우 공기업이라 하고, 민간인 경우에는 사기업(민간기업)이라고 한다. 그런데 왜 정부가 기업을 소유하고 운영하는 것일까? 수도, 도로, 철도, 항만, 공항과 같은 시설들을 생각해보자. 민간이 투자하기에는 엄청난 자본이 든다. 또한 산간벽지에 우편물을 배달하거나 버스를 운영하는 것처럼 이익이 나지 않더라도 국민들에게 필요한 일들이 있다. 민간에서는 굳이 이익이 나지 않는 이런 사업을 하지 않을 것이다. 이런 경우들에 대해 정부가 출자를 해 기업을 설립해 운영하는 것이다.

한국전쟁 이후 모든 것이 파괴되었던 우리나라는 당시 사기업이 대규모로 투자할 만한 여력이 없었다. 그래서 많은 기업들이 정부가 자금을 댄 공기업으로 출발했다. 포항제철, 한국통신공사, 한국이동통신공사, 대한석유공사, 대한항공공사 등이 대표적인 공기업이었다.

그러나 경제가 발전하고 사기업이 성장해 규모가 커지자, 정부가 공기업을 유지할 이유는 점점 줄어들었다. 반대로 기업을 더욱 효율적으로 운영해야 할 필요성이 높아지게 되었고 정부는 공기업의 지분을 사기업에게 매각(민영화)했다. POSCO, KT, SKT, SK이노베이션, 대한항공 등이 민영화에 따라 사기업으로 전환된 사례들이다.

이제는 도로나 터널, 지하철과 같은 국가의 주요 시설들도 정부가 아니라 사기업이 건설해 제공하기도 한다. 정부재정이 부족하거나, 운영의 효율을 높이기 위해서 사기업이 일부 혹은 전부를 출자해 정부 대신 시설물을 짓고 운영해 수익을 내는 것이다. 그 결과 민간 자본에 의해 더 많은 고속도로, 터널, 지하철 등이 건설되어 편리성이 증진되었으나 공기업이 운영하는 시설에 비해 더 높은 요금을 지급해야 하는 경우도 발생했다.

개인기업과 공동기업

사기업은 출자와 운영의 책임을 개인이 오롯이 부담하는지, 2인 이상 공동으로 부담하는지에 따라 개인기업(개인사업자)와 공동기업으로 구분할 수 있다. 공동기업은 다시 법인인 회사와 법인이 아닌 조합으로 구분된다.

국내 기업의 대부분은 음식점, 학원, 편의점 등과 같은 개인기업이지만, 자금조달에 한계가 있으니 기업의 규모가 보통 작다. 경제를 이끌어가는 중심축은 여럿이 자금을 모아 대규모 사업을 하고 수많은 사람들을 고용하는 법인 형태인 '회사'가 맡고 있다.

회사는 상법상 합명회사, 합자회사, 유한회사, 유한책임회사, 주식회사로 구분할 수 있다. 반드시 그런 것은 아니지만 일반적으로 합명, 합자, 유한, 유한책임회사는 소수의 출자자가, 주식회사는 다수의 출자자가 참여한다. 회사의 형태는 다양하지만 대부분 주식회사의 형태를 가진다. 주식회사 중에서도 특별히 주식시장에서 주식이 자유롭게 거래되는 회사를 상장회사라고 하며 '기업 〉사기업 〉공동기업 〉회사 〉주식회사 〉상장회사'로 개념의 범위를 정리할 수 있다.

이 책에서 우리의 최종 목적은 '주식회사'를 이해하는 것이다. 주식회사의 특징을 이해하기 위해서 다른 형태의 회사를 차근차근 살펴보는 것이 필요하다. 모든 특징을 이해하기 어렵다면 이름부터라도 천천히 익혀보자.

상법상 회사의 종류

이제 직접 회사를 만들어보자. 법인으로 회사를 설립하기로 했을 때, 회사의 종류도 결정해야 한다. 그런데 그 구분에는 어떤 의미가 있으며 어떤 형태로 해야 할까? 인력과 자본이 준비되었다고 해도, 사업의 권리와 의무에 대한 문제를 분명히 해야 한다. 특히 여러 사람이 함께 사업을 하다 보면 복잡한 문제들이 발생한다. 흔히 겪게 되는 문제들은 다음과 같다.

누가 자본을 댈 것인가? 누가 경영 의사결정을 할 것인가? 회사가 벌어들인 이윤은 어떻게 나누어 가져야 할 것인가? 회사가 파산했을 경우에 회사의 빚은 누가 어떻게 책임질 것인가? 함께 사업을 하는데 같이 사업을 하기로 한 사람이 그만 둔다고 하면 그 사람의 몫은 어떻게 할 것인가? 사업을 하던 사람이 사망하는 경우는 어떻게 할 것인가? 나중에 누군가 사업에 참여하고 싶은 사람이 나타나면 어떻게 할 것인가? 사업을 그만 두고 나가고자 할 때 함께 사업하는 사람들의 동의를 얼마나 많이 받아야 하는가? 등 쉽게 답할 수 없는 문제를 겪게 될 것이다.

이러한 문제는 역사적으로도 계속 되어 왔기에, 시간이 지나며 나라마다, 문화마다 합리적인 해결책을 제시할 수 있는 회사의 형태가 어느 정도 정리되었다. 우리나라의 상법에서는 회사를 ①합명회사 合名會社, ②합자회사 合資會社, ③유한회사 有限會社 ④유한책임회사 有限責任會社, ⑤주식회사 株式會社, 이렇게 5가지로 분류하고 있다.

요컨대, 회사를 설립하려면 법적으로 필요한 요건을 갖춰 등기를 하면 된다. 그러니 5가지 형태 중 수행하려는 사업에 가장 알맞은 회사의 형태를 선택하면 된다.

사원의 의미

회사의 여러 법적 형태를 이해하기 위해서 먼저 상법상 사원의 의미를 알아보자. 사원은 회사를 만드는 데에 자금을 댄 출자자를 의미한다. 동시에 그만큼 회사의 지분을 소유하기 때문에 소유자라고 이해해도 된다. 동업자, 물주, 주인이라고 할 수 있다.

동업자들인 사원은 공동기업인 회사에 자금, 노동, 재산, 기술 등을 제공(출자)하고, 회사는 이 자원으로 사업을 하기 위한 장소, 시설 등을 마련하고 사람들을 고용한다. 출자의 대가로 사원들은 회사의 사업을 통해 이익이 나면 지분 가치의 상승이나 이익의 배당으로 성과를 나누어 가지고, 회사에 손실이 발생하면 지분 가치의 하락 등으로 손해를 보게 된다.

이처럼 상법에서 말하는 사원은 흔히 회사에서 일하는 근로자를 지칭하는 사원과는 다르다. 직장인으로서 사원은 회사에 노동력을 제공하지만 이것은 근로계약에 의해 회사로부터 대가를 받고 노동력을 제공하는 것이지, 회사의 주인으로서 회사의 재산을 만들기 위해 필요한 자원(출자) 대신에 노동력을 제공하고 있는 것이 아니다. 참고로 출자를 할 때 자금 대신 노동력을 제공하는 노동출자는 뒤에서 다룰 무한책임사원에만 적용된다.

사원들이 출자해 모은 자금은 회사 법인을 설립하고 사업을 해 이익을 내는 바탕이 된다. 그리고 이렇게 회사가 사업으로 벌어들인 소득은 사원들에게 '배당'이란 절차를 거쳐서 분배한다.

무한책임사원과 유한책임사원

여럿이 모이다 보면 갈등이 발생하기 마련이기에, 이를 조정하기 위해 규칙이 필요하다. 회사를 설립하고 운영할 때도 그렇다. 기본적으로 동업자마다 출자하는 금액이나 출자의 성격이 다르기 때문에 회사의 이익을 나누거나 책임을 지는 방법에 대한 규정이 있어야 한다. 동업을 하는 회사에 사원으로서 참가하거나 나가는 것(퇴사)도 마찬가지다. 역사적으로 이런 규칙은 몇 가지로 굳어져 어느 정도 정형화된 회사의 형태를 만들게 되었다.

앞서 상법상 회사를 5가지로 분류할 수 있다고 했다. 각각 형태에 따라 사원의 종류와, 사원이 부담해야 하는 책임의 정도가 다르다. 가장 먼저 '무한책임사원'과 '유한책임사원'의 차이를 알아보자.

사원은 회사의 설립에 자금을 댄 사람으로서 동업자이자 회사의 주인이라고 할 수 있다. 그러하기에 사업을 통한 이익을 공유하지만, 사업이 잘 안되면 어떻게 될까? 회사가 막대한 빚(채무)을 지고 아예 사업을 그만 두어야 하는 상황을 상상해보자. 회사를 청산할 때는 우선 회사가 가진 재산을 전부 처분해 빚을 먼저 갚는다. 그리고 빚을 다 갚고 남는 재산이 있을 때에는 사원들이 가져갈 수 있다.

그런데 회사가 가진 것을 모두 다 팔아도 빚을 갚기에 부족할 수 있다. 이때 남은 채무에 대해 누가 어떻게 책임져야 할 것인지에 대한 문제가 발생한다. 여기서 채무에 대해 사원이 온전히 갚아야 할 책임을 지느냐, 그렇지 않느냐에 따라 무한책임사원과 유한책임사원으로 구분할 수 있다.

예를 들어, 무한책임사원과 유한책임사원이 각각 1억 원씩을 출자해서 회사를 설립했는데 사업이 잘 되지 않아 청산하기로 했다고 하자. 회사의 재산을 이미 다 팔았는데도 100억 원의 채무가 남게 되었다. 일단 채무를 갚지 못했으니 무한책임사원이든 유한책임사원이든 1억 원은 돌려받을 수 없다. 그런데 무한책임사원의 경우에는 남은 회사의 채무에 대해서도 개인적으로 갚아야 하는 책임을 진다. 즉, 회사의 채무 100억 원까지도 갚을 책임을 져야 하는 것이다.

유한책임사원의 경우에는 출자했던 1억 원은 돌려받지 못하지만 남은 채무 100억 원에 대해 갚아야 할 책임은 없다. 즉 유한책임사원은 출자가액의 한도까지만 회사 채무에 대한 책임을 지는 것이다. 이렇게 채무에 대한 책임에 한도가 있다는 의미로 유한有限, limited이란 말이 붙은 것이다. 이외에도 무한책임사원과 유한책임사원은 회사에서의 권한이 다르며, 회사에 출자가능한 방법 등이 다르다. 자세한 것은 다음 표에 나와 있다.

구분	무한책임사원	유한책임사원
출자의무	있음	있음
출자의 종류	금전출자, 노무출자, 신용출자 모두 가능	금전출자만 가능
지분상속	지분상속 할 수 없음	지분상속 가능
권한	업무집행권, 대표권, 이의권, 감시권	감시권
경업, 겸직	경업·겸직금지	경업·겸직가능
책임한도	무한無限의 책임부담(무한책임)	출자가액 한도로 책임부담(유한책임)

무한책임사원과 유한책임사원 비교
출처: 찾기쉬운 생활법령정보.

우리나라 회사의 종류

이제 무한책임사원과 유한책임사원의 개념을 알게 되었으니, 상법상 회사의 종류를 이해할 준비가 되었다. 들어가기에 앞서 간략히 우리나라에 어떠한 회사가 얼마나 있는지 살펴보자.

법인종류	2019년	비율	2020년	비율
주식회사	782,306	94.6%	850,967	94.5%
유한회사	39,899	4.8%	44,181	4.9%
합자회사	3,970	0.5%	4,062	0.5%
합명회사	957	0.1%	967	0.1%
소계	827,132	100.0%	900,177	100.0%

회사 형태별 법인수

출처: 국세청, 「국세통계」: 업태별 가동 법인수.

2020년을 기준으로, 우리나라에는 총 90만 개 정도의 회사가 존재하는데, 94.5%가 주식회사이다. 그 외에 유한회사가 약 4만 4,000개로 4.9%를 차지하고, 합자회사와 합명회사는 각각 0.5%와 0.1%로서 극히 소수다. 그렇다면 회사를 설립할 때, 당연히 주식회사로 설립해야 할까? 경영학에서 배우는 많은 내용은 주식회사에 관한 것이고, 투자의 대상이나 관련된 경영, 경제 이슈들도 거의 모두 주식회사에 관한 것이다. 그렇지만 늘 주식회사의 형태가 가장 이상적인 것은 아니다.

다양한 회사의 형태가 있는 것은 사업의 방식과 목적에 따라 그 회사 형태의 특징이 요구되는 경우가 존재하기 때문이다. 대략 '개인기업 〉 합명회사 〉 합자회사 〉 유한책임회사 〉 유한회사 〉 주식회사' 순으로 점점 소유와 경영이 분리되고, 지분의 양도가 쉬워지며, 소유권이 분산되는 경향이 있다. 회사의 종류별 특징을 알아보고 가장 중요한 주식회사에 대해서는 좀 더 깊게 다루어 보도록 하자.

합명회사: 운명을 함께 하는 동업

합명회사는 국내에서 1,000개가 되지 않으며 통계에서도 볼 수 있듯이 전체 회사 중 0.1%를 차지하고 있는 매우 소수의 회사 형태다. 쉽게 말하면 합명회사는 개인사업을 단지 여럿이서 동업하는 것과 마찬가지다. 개인기업에 동업자가 함께 해 사장이 둘 이상인 경우라고 생각해도 좋다.

동업자끼리 출자, 영업, 이익분배, 정산, 채무, 재산의 회수 등에 대해 구체적인 약정을 맺을 수도 있겠지만, 법인을 설립하는 것이 개별적인 복잡한 합의를 하는 것보다 간편하기에 이용된다.[5]

개인사업자와 마찬가지로 합명회사의 출자자인 사원은, 회사에 대해 출자의무를 가지고 회사의 채권자에 대해 무한의 책임을 진다. 즉 합명회사는 2인 이상의 무한책임사원으로 구성된다. 회사와 사원이 운명을 함께 하는 형태이기에, 소기업에서 주로 가족 또는 매우 신뢰할 수 있는 친족끼리 모인 회사로 나타난다.

합명회사에서 사원이 갑자기 그만두겠다고 빠져나가는 경우에 큰 문제가 될 수 있다. 동업자가 갑자기 떠나겠다고 하면서 자기 몫을 가져가겠다고 하면 기존의 사업을 정리해야 할 수도 있고 회사를 운영하던 사람이 떠나므로 경영에 문제가 생길 수도 있다. 따라서 사원이 퇴사하거나 지분을 타인에게 양도하려 할 때는 다른 사원 전원의 동의를 얻어야 한다. 합명회사는 사업자금을 소유자인 소수의 사원으로부터 받아야 하기에 자금조달

---

5 합명회사의 사원은 법인의 채무에 대하여 출자한 사원들끼리 연대하여 무한책임을 지고 있고 (연대무한책임) 업무집행권과 대표권을 가져 출자자가 함께 출자하고, 업무도 함께 집행하고, 책임도 함께 지는 형태의 회사다.

이 어렵기도 하며, 사업이 성공하는 경우라도 사업규모에 따라 채무가 증가하여 사업과 관련된 위험이 증가하는 단점이 있다.

합자회사: 투자와 경영이 분리된 동업

합자회사는 국내에 약 4,000개 정도가 존재하며, 전체 회사 중 약 0.5%를 차지한다. 명진여객, 경남여객, 신동아교통과 같은 운수회사에 합자회사가 많다.[6]

앞서 설명한 합명회사는 규정도 적고, 사원이 사업에 대한 모든 권한을 가지므로 빠른 의사결정이 가능한 장점이 있지만, 사원의 무한책임이라는 큰 부담이 있다. 사람에 따라서는 좋은 사업 기회에 투자를 하고 싶지만, 굳이 경영에까지 참여하고 싶지 않을 수도 있다. 이럴 때는 단순 재무적 투자자, 즉 유한책임사원으로서 합자회사에 합류하면 된다. 이 경우엔 경영에 참가하지 않고, 자금만을 출자해 이익을 공유할 수 있다. 회사가 실패해도 채무를 대신 갚을 필요는 없다. 자신이 출자했던 금액을 돌려받지 못할 뿐이므로 출자가액까지만 유한책임을 진다.

이처럼 무한책임을 지는 출자자 이외에, 사업에 직접 참여하지 않고 유한책임을 지고자 하는 동업자가 있는 경우는 합자회사의 형태가 된다. 구체적으로 1인 이상의 무한책임사원과 1인 이상의 유한책임사원으로 합자회사가 구성된다. 무한책임사원은 출자를 하고 회사의 업무를 집행하며 회사를 대표한다. 만약 사업을 하는 도중에 무한책임사원이 지분을 양

---

6 최근 많은 버스 회사들이 사모펀드에 의해 인수·합병되고 있는 추세이다.

도하겠다고 하는 경우, 회사의 경영진 자체가 바뀌고 책임자가 바뀌는 것이기 때문에 그를 믿고 투자한 남은 사원들이 피해를 입을 수 있다. 따라서 무한책임사원이 지분을 양도하려면 다른 사원 전부의 동의를 얻어야 한다.

유한책임사원은 경영에 참가하지는 않고 투자금만 댄다(재산출자). 자금을 대는 유한책임사원이 갑작스럽게 그만 두겠다고 하면서 출자한 자금을 회수하려 하거나 자신의 지분을 제3자에게 양도하면, 사업을 안정적으로 지속하는 데에 문제가 생긴다. 다른 유한책임사원은 출자만 했기 때문에 상대적으로 영향이 적지만, 회사를 책임지고 경영하는 무한책임사원은 큰 피해를 입을 수 있다. 따라서 투자자인 유한책임사원이 자신의 지분을 제3자에게 양도하기 위해서는 무한책임사원 전원의 승인을 받아야 한다. 다른 유한책임사원의 동의는 필요하지 않다.

정리하자면 합자회사는 경영을 하고자 하는 사람과 자금만을 대고자 하는 투자자가 존재하되, 사람이 바뀌는 것을 원치 않는 경우에 적절한 회사의 형태이다. 지분을 다른 사람에게 팔거나 넘겨주기가 매우 까다로운 인적 폐쇄성이 있기 때문에 합명회사와 마찬가지로 합자회사는 대부분 소규모 기업 형태로 운영된다.

유한회사: 유한책임, 소규모로 적은 규제.

유한회사는 이름처럼 유한책임사원만으로 구성된 회사다. 한 마디로 사원들은 회사가 망해도 회사의 채무를 갚을 의무가 없다. 이 점에서 유한회사와 주식회사는 서로 비슷한데, 유한회사는 주식(지분)거래가 까다로운 주식회사로 접근하면 이해가 쉽다.

유한회사는 지분 거래가 불편해 사원이 바뀌기 어려워 주식회사보다 폐쇄적이다. 사원(출자자)이 적으므로 이해관계자도 적어 주식회사만큼 규제가 엄격하지는 않다. 그렇기에 유한회사는 주식회사의 특징인 사원 책임의 유한성을 누리면서, 규제는 덜 받는 형태다.[7]

앞서 합명회사는 사원이 모두 무한책임을 지고 경영 의사결정을 하며, 합자회사의 경우 무한책임사원이 경영을 한다고 설명했다. 유한회사의 경우는 출자자가 모두 유한책임사원으로서 이들은 경영을 직접 하지 않고 1인 이상의 이사를 두어 이사가 회사를 대표하고 업무를 집행한다. 즉 유한회사의 출자자는 유한책임을 지고, 소유와 경영이 분리된다. 이러한 점에서 유한회사의 유한책임사원은 주식회사 주주와 매우 유사하다.

유한회사는 사원들을 대상으로 사원총회를 열어 중요한 의사결정을 한다. 국민들이 국회의원 투표를 하는 것과 마찬가지로, 경영 업무를 하는 이사를 사원총회에서 선임하며 이사가 여럿인 경우에는 대표이사를 선임한다. 선택에 따라 주식회사처럼 감사를 둘 수도 있다.[8]

유한회사는 주식회사보다 사원수가 소규모인 폐쇄적인 회사이고 지분의 증권화 및 사채의 발행도 불가능해 이해관계자가 적다. 따라서 분쟁의 소지도 적기 때문에 주식회사보다 규제가 적고 간소하다.

---

7 이전의 유한회사 제도는 폐쇄적으로 운영되는 소규모 기업을 전제로 하고 있었다. 특별한 사유로 인가받지 않는 한, 총 사원수는 50인을 초과하지 못하도록 했고 지분양도를 위해서는 사원총회의 특별결의가 필요했다. 그 결과 유한회사는 유한책임을 지는 소수의 사원으로 구성된 개인기업과 같이 운영되는 경우가 많았다. 2011년 상법개정으로 사원 총수 및 지분양도제한 규정이 폐지되어 유한회사 설립 및 운영을 보다 쉽게 하였다. 단 지분양도의 경우 원칙적으로 지분을 자유롭게 양도할 수 있도록 하되, 해당 회사의 정관에서 지분 양도를 제한할 수 있으므로 정관의 규정을 살펴보아야 한다.

반면, 주식회사처럼 공개적으로 다수로부터 대규모의 자금을 모으기는 어렵다. 따라서 대규모 자본을 모집할 필요가 없는 중소기업에 적합한 형태다. 주로 유동화전문 유한회사, 투자유한회사, 대부업 유한회사 등 한정된 범위에서 존재한다.

그런데 외국 기업이 한국에 현지법인을 세울 때 유한회사의 형태를 취하는 경우가 많아졌다. 구글 코리아, 넷플릭스 코리아, 애플 코리아, 한국 마이크로소프트, 샤넬 코리아, 루이비통 코리아, 에르메스 코리아, 한국 코카콜라, 한국 맥도날드 등이 유한회사다.

이들이 유한회사 형태를 취하는 것은, 설립자가 외국 대기업이어서 충분한 자본을 가지고 있기 때문이다. 즉, 굳이 주식이나 사채발행을 통해 대규모 자금 조달을 할 필요가 없는 것이다. 특히 과거에는 주식회사와 달리 외부감사나 공시의무가 없었기 때문에 원하는 대로 운영하고 회사의 현황을 숨기기에도 유리했다. 특히 외국 대형 IT기업과 고가 브랜드들이 그 혜택을 받아왔다.

그러나 갈수록 유한회사의 규모와 영향력은 갈수록 커지는데, 여전히 정보가 폐쇄적이니 공시에 대한 요구가 높아졌다. 2020년부터 유한회사 중에서도 규모가 큰 회사의 경우에는 외부감사를 받고 매출, 실적, 배당금, 기부금 등의 내용을 공개하도록 했다. 이 과정에서 구찌 코리아, 아마존웹

---

8 유한회사는 주식회사와 달리 이사회가 없고 사원총회에서 업무집행 및 회사대표를 위한 이사를 선임한다. 보통 규모가 작기 때문에 이사회와 주주총회와 같은 이중 구조를 둘 필요가 없는 것이다. 선임된 이사는 정관 또는 사원총회의 결의로 특별한 정함이 없으면 각각 회사의 업무를 집행하고 회사를 대표하는 권한을 가진다.

서비스즈 코리아, 딜리버리히어로 코리아, 이베이 코리아 등은 유한회사에서 외부감사 의무가 없는 유한책임회사로 회사 형태를 바꾸어 외부감사를 피하기도 했다.

유한책임회사: 유한회사의 대체 형태

유한책임회사는 2011년 상법개정으로 우리나라에 도입되었다. 이름에서부터 알 수 있듯이, 유한책임회사는 유한회사와 비슷하다. 처음에는 유한회사를 폐지하고, 유한책임회사를 도입하려고 했으나 유한회사 폐지 개정안이 국회를 통과하지 못해 유한회사와 유한책임회사가 동시에 존재하게 되었다.

유한책임회사는 유한회사와 마찬가지로 사원들이 지분(출자금)에 기반한 유한책임을 지고 지분의 양도가 까다롭다. 역시 지분을 증권화할 수 없고, 회사의 규정인 정관에서 따로 정하지 않은 경우에는 기본적으로 사원 전원의 동의를 얻어야 지분의 양도가 가능하다.

유한회사와의 다른 점은 이사선임과 사원총회 등의 의무가 없다는 것이다. 감사도 의무적으로 선임하지 않아도 된다. 유한책임사원들이 합의를 통해 업무를 집행하는 업무집행자를 정한다. 사원총회도 필수 기관이 아니라, 선택할 수 있는 임의기관이므로 업무집행자가 대부분의 결정을 맡아도 된다.

유한책임회사는 주식회사와 비교해서도 주주총회, 이사, 감사제도가 없으므로 회사의 설립과 운영이 쉽다. 유한회사의 사원총회나 주식회사의 주주총회는 전사원, 모든 주주를 대상으로 하고 상법에 따라 소집 통지서를 발송하는 등 절차가 엄격하다. 그래서 중요한 사안을 신속하게 진행하는데 어려움을 겪는데, 유한책임회사는 사원총회 없이 업무진행자가 맡아 신속하게 진행할 수 있다는 장점이 있다. 신속한 의사결정이 가능하므로 벤처기업과 같은 초기 기업에 적합하다.

유한책임회사는 미국의 LLCLimited Liability Company를 참고해 도입했다. 도입취지는 "아이디어 창업 등 지식기반산업에 적합한 유연하고 다양한 지배구조를 가진 유한책임회사를 도입함으로써 회사 설립에 보다 다양한 선택권을 부여하기 위한 것"으로 알려져 있다.[9] 즉, 유한책임회사는 스타트업의 창업과 성장을 활성화하기 위해 도입한 것으로서 경제 성장의 주권이 전통적인 제조기업에서 IT와 아이디어를 바탕으로 빠르게 성장하는 기업으로 옮겨가고 있는 시대적 현실을 반영한 것이다. 이처럼 회사의 종류와 그에 따른 책임은 고정불변의 것이 아니라 시대와 상황에 따라 달라질 수 있다는 점에 유의하자.

주식회사: 유한책임, 대규모 자금 조달

길을 가다가 괜찮아 보이는 가게가 있을 때 대뜸 주인을 찾아가 함께 동업을 하자고 하면 주인이 쉽게 받아들일 수 있을까? 평소 알고 지내던 매우 친밀한 관계가 아니라면 어이없어 할 것이다. 동업에 동의했다고 해도, 투자, 지분, 이윤, 경영 등 다양한 사안을 합의하는 과정이 쉽지 않을 것이다. 합의가 원활하게 이루어지지 않으면 동업은 성사되지 않으며 동업하

---

9 "상법상 유한책임회사제도의 도입과 전망: 비교법적 고찰을 중심으로", 박영준, 기업법연구, 2015, 29 (4), 63호, 313-338.

고자 하는 이들이 많을수록 합의는 더욱 어려워진다.

그런데 주식회사는 누구나 쉽게 참여할 수 있는 형태의 회사다. 주식회사는 국내 회사의 94% 이상을 차지할 만큼 일반적인 회사의 형태이며 그만큼 다른 형태에 비해 장점이 많다. 어떤 장점이 있는지 확인해보자.

여럿이 쉽게 참여해서 대규모 자금을 모은다

회사를 설립하고 운영하기 위해서는 자본과 경영자가 필요하다. 특히 철강, 조선, 화학, 반도체와 같은 사업에는 대규모의 자금이 필요하다. 시설 투자에 수천억 원이 필요하니, 앞서 다룬 합명회사, 합자회사, 유한회사, 유한책임회사의 형태로는 그만한 자금을 마련하기 힘들다. 자금을 마련한다고 해서 반드시 성공하는 것도 아니고, 실패했을 때의 위험이 크니 더욱 조심스럽다.

위험을 분산하면서도 대규모 자금을 모을 수 있는 회사의 형태가 필요했고, 이러한 필요성을 충족하기 위해 등장한 것이 주식회사다. 합명회사나 합자회사에서는 서로 협의에 의해서 회사에 대한 자신의 몫인 지분을 나누어 갖고, 이를 합의된 서류에 적음으로써 지분을 증명한다. 반면 주식회사는 회사의 지분에 대한 권리를 잘게 쪼갠 증서를 소유함으로써 회사에 대한 자신의 몫을 나타낸다. 이 증서가 곧 주식증권, 줄여서 주식stock이라고 부르는 것이다.

주식회사가 주식을 발행하면 투자자들은 투자를 원하는 만큼 주식을 매입하면 된다. 그리고 주식을 소유한 주주는 자유롭게 다른 사람에게 주식을 팔 수 있다. 합명회사, 합자회사의 경우는 지분을 거래하려면 사원들의 동의를 얻어야 하지만 주식회사에서는 다른 주주들의 동의를 얻거나 증거서류를 따로 작성할 필요가 없다.

따라서 주식회사의 주주가 되고 싶은 사람은 회사가 새로 발행하는 주식이든, 다른 주주가 보유한 주식이든 그저 주식을 사기만 하면 된다. 합명회사나 합자회사의 사원들이 출자를 하고 지분을 얻는 것처럼, 주주는 매입한 주식만큼 회사에 출자를 한 것으로 인정되어 주식회사의 주주로서 권리를 가진다.

투자자 입장에서는 원하는 금액만큼 손쉽게 투자할 수 있고, 투자에 대한 생각이 바뀌면 주식을 매도함으로써 역시 손쉽게 투자를 번복할 수 있다. 그리고 주주는 유한책임을 지기 때문에 다소 위험해 보이는 투자 대상에도 소액이나마 투자할 유인이 있다. 그 결과 주식회사는 수많은 사람들로부터 자금을 모으기가 용이하다는 장점을 갖고 있다.

참고로 회사가 주주에게 직접 주식을 발행하고 자금을 받는 유상증자가 아닌 이상, 이미 발행된 주식에 대한 거래는 거래 당사자들만의 거래이기에 회사의 자본이 추가되거나 빠져나가지 않는다. 중고차를 아무리 거래해도 제조사에 들어오는 돈은 없는 것과 마찬가지다. 발행된 주식을 거래하는 것은 최초 출자자의 권한을 이어받는 것으로 생각하면 된다.

주식회사는 지분뿐만 아니라 빚 역시 증권화하여 회사채(사채)를 발행할 수 있다. 회사가 은행 등을 통해 자금을 빌리지만 필요한 금액이 큰 경우에는 자금 조달이 어려울 수도 있는데, 이 경우 주식과 마찬가지로 채무를 잘게 나눠서 표준화된 증서로 발행하여 대규모 자금을 편리하게 조달할 수 있다. 주식과 마찬가지로 발행 이후엔 거래가 자유롭다.

따라서 주식회사는 수많은 주주들뿐만 아니라 회사채를 발행한 경우 사채의 소유자인 수많은 채권자들까지 있어서 훨씬 더 많은 사람이나 조직들이 관련되게 된다. 그만큼 규제가 많다.

소유와 경영의 분리

회사를 운영하던 도중, 함께 일하던 동업자가 떠나거나 투자자가 자금을 회수하겠다고 하면 회사의 운영에 영향을 받는다. 그런데 주식회사는 주주가 자유롭게 지분을 처분하고 수시로 떠나는데, 어떻게 회사의 운영에 아무런 영향이 없는 것일까?

주식회사의 주주들은 직접 경영을 하지 않는다. 민주주의 국가에서 국회의원과 대통령을 선출하는 것처럼, 주주도 모두가 경영에 참여하지 않고 주주총회를 통해 이사Director를 선임하여 이사회BOD, Board of Directors를 구성하고 경영자에게 경영을 맡긴다. 즉, 소유와 경영이 분리된 형태다.

그러니 주식 거래를 통해 소유자가 계속 바뀌어도, 경영은 안정적으로 이뤄진다. 만약 경영자와 이사회만으로 결정하기 어려운 중요한 문제가 있다면, 주주총회를 열어 다수결을 통해 결정한다. 이와 관련한 자세한 내용은 기업지배구조를 소개하는 장에서 다루기로 한다.

주주는 언제라도 쉽게 회사를 떠날 수 있는 반면, 소유와 경영이 분리가 되지 않은 합명회사, 합자회사, 유한책임회사에서 사원이 그만두려면 동의를 얻어 지분을 양도하거나 회사로부터 자신의 몫을 정산받고 그만둔다. 사원의 퇴사를 허용하는 경우에, 회사는 퇴사자가 요구를 하면 회사 자산을 팔든지 해서 투자자의 자본에 해당하는 돈을 돌려줘야 한다.

사원의 퇴사가 허용되는 회사 형태에서는 사원이 출자한 자금을 회사가 언제 돌려줘야 할지 불확실하므로 회사가 안심하고 투자하기 어렵다. 애써 공장을 짓고 기계장치를 마련했다고 하자. 그런데 갑자기 일부 사원이 출자금을 돌려달라하면 설비를 나눠서 매각할 수도 없을 뿐더러, 설령 매각한다 하여도 공장에 필요한 기계장치가 없어지는 것이니 회사 전체가 피해를 입게 된다.

유한회사와 주식회사와 같이 사원들이 유한책임을 지는 경우에는, 회사로부터 자신의 몫을 받고 떠나는 퇴사가 인정되지 않는다. 누군가에게 지분을 양도하는 방법밖에 없다. 회사의 입장에서는 자본이 갑자기 줄어들 걱정 없이 더 안정적이고 장기적인 경영을 할 수 있다. 이처럼 회사의 존속에 영향을 미치지 않으면서도 지분을 자유롭게 양도할 수 있는 것은 소유와 경영이 분리되었기 때문에 가능한 장점이다.

주주의 유한책임

주주는 회사의 채무에 대해서 유한책임을 진다. 회사의 재무상태가 약화되어 청산할 때 회사는 채무를 갚아야 하는데, 이때 주주는 자신이 투자한 만큼만 책임을 지는 것이다. 1억 원을 주고 주식을 샀다면, 회사가 망해버렸을 때 자신이 투자한 1억 원을 손해 보는 것으로 끝이다.

만약 주주가 무한책임을 가진다면 회사가 실패할 때의 채무를 갚아야 하는 부담으로 쉽게 투자하기가 어려울 것이다. 지분 거래의 용이성과 주주의 유한책임이라는 주식회사의 특징은 위험을 줄여 사람들이 보다 쉽게 투자할 수 있도록 하여 자금조달을 용이하게 한다.

감사와 공시 책임

이론적으로 한 사람당 한 주씩 소유한다면 주식 수만큼이나 많은 주주가 있게 된다. 채권도 마찬가지이며 잠재적 수요자 및 회사와 관련된 다른 이들까지 고려하면, 주식회사는 직간접적으로 수많은 이들과 연관되어 있다. 그렇지만 주식회사가 어떻게 운영되는지 어떠한 상황에 놓여 있는지 이들이 구체적으로 알기는 어렵다. 주주들도 소유만 할 뿐이니, 경영자가 업무를 태만히 하거나 횡령 등 부정한 일을 저지르며 회사를 잘못 운영하는 것을 어떻게 차단할 것인가?

이를 막기 위해 상법상 감사라는 제도가 존재한다. 감사는 경영자가 회사에 피해를 끼치는 의사결정을 하는 것은 아닌지 경영자를 감시하고 견제하는 역할을 한다.

회사의 규모가 크고 외부 이해관계자가 많아지면 공인회계사로부터 외부감사를 받기도 한다.[10] 이때는 회사의 재무상태나 경영성과가 제대로 기록되었는지에 대한 검증을 받도록 해 경영자가 숨김없이 보고할 수 있도록 감시한다. 즉 내부감사를 통해 회사 내부에서 문제가 없도록 감시하고, 외부감사를 통해 회사의 정보를 투명하고 객관적으로 만들어 낼 수 있도록 규제하는 것이다.

이와 더불어, 회사는 직접 정보를 알려야 하는 공시 의무도 있다. 회사의 사업내용, 재무상태, 영업의 실적, 주요한 계약 등 사업과 관련한 중요

---

10 상법에서 주식회사는 원칙적으로 재무제표에 대해 외부감사를 받아야 한다고 제시한다(상법 제 449조의 2). 실질적으로는 주식회사 등의 외부감사에 관한 법률(외감법)에 의해 외부감사 대상이 되는 법인은 주식회사 중 규모가 있는 회사가 대부분이다.

한 내용들을 여러 이해관계자에게 알려야 한다. 투자자들은 기업에 대한 정보를 통해 투자 여부를 결정하는데, 만약 회사에 대한 정보가 없거나 거짓된 정보만 가득하다면 피해를 입게 될 것이기 때문이다. 이렇게 회사의 정보를 널리 알리는 것을 공시公示, Disclosure라고 한다. 특히 상장 주식회사는 다수로부터 대규모 자금조달을 할 수 있는 대신에, 이들에게 정보를 제공하기 위해 높은 수준의 공시책임을 진다.

참고: 유한회사와 주식회사의 차이

유한회사와 주식회사의 큰 차이는 지분을 증권화할 수 있는지 여부다. 주식회사는 회사지분에 대한 권리를 나타내는 증서(증권)인 주식(주식증권)을 발행하여 회사 지분에 대한 권리를 쉽게 거래할 수 있다. 다른 회사의 출자자를 사원이라 부르는 반면, 주식증권을 소유한 사람은 특별히 주식의 소유주란 의미로 주주株主, stockholder라고 부른다. 사원들이 회사의 이익을 배분받고 의사결정에 참여하는 것처럼, 주주도 소유한 주식의 수에 비례해 회사의 이익을 나누어 받을 수 있고(배당권), 주주총회에서 중요한 의사결정에 참여할 수 있는 권리(의결권)를 가진다.

주식회사는 주식을 발행해 자금을 마련하는데 이때 공개모집이 가능하다. 발행 이후에도 자유롭게 주식을 사고파는 것이 가능하니 결과적으로 유한회사와 다르게 많은 투자자들로부터 대규모 자금을 조달할 수 있다. 2021년 11월 기준으로 삼성전자의 소액주주는 500만 명이 넘고, 카카오의 경우에도 200만 명이 넘는다. 또한 주식회사는 사채를 발행할 수 있는 반면 유한회사는 사채를 발행할 수 없다는 차이가 있다.

회사의 형태별 차이 요약

지금까지 회사의 형태별로 어떠한 특징이 있는지를 살펴보았다. 요약하자면 합명회사 〉 합자회사 〉 유한책임회사 〉 유한회사 〉 주식회사의 순으로, 소유와 경영이 분리된다. 그만큼 회사는 출자자인 사원이나 주주의 영향에서 벗어나 경영자가 경영하는 체계가 되고, 출자자의 책임은 제한된다. 출자자가 지분을 처분할 수 있는 자유도 많아진다.

회사의 이해관계자는 경영자와 직원을 비롯한 내부 구성원, 재료 등의 공급자와 소비자, 채권자와 주주, 정부, 지역사회 등으로 다양하게 구성되어 있다. 회사와 이해관계자들 사이에서는 갈등이 빚어진다. 회사와 투자자 사이의 갈등, 투자자끼리의 갈등, 투자자와 다른 이해관계자 사이에서 발생하는 갈등, 투자자가 스스로 납품업자나 경영자, 채권자 등 다른 이해관계자 자체가 되는 경우의 갈등 등 온갖 종류의 갈등관계가 존재한다. 특히 사원이 의결권을 이용해 거래 관계에서 사적인 이득을 취하려 할 때 다른 이해관계자가 손해를 볼 수 있는 갈등 관계가 생긴다. 이러한 문제를 해결하기 위해 회사법이 발전해 오고 회사의 형태가 여러 종류 생기게 되었다.

회사의 형태는 처음부터 체계적으로 정리된 것이 아니다. 과거로부터 다양한 경험과 분쟁을 통해 몇 가지 형태로 구체화된 것이다. 그렇기에 국가와 시기별로 회사의 형태가 각기 다르다. 지금의 회사 형태에 따른 책임과 의무가 앞으로 바뀔 수도 있고, 새로운 회사의 형태가 나올 수도 있으니 흥미로운 일이다.

다음 표는 앞서 다룬 내용들을 요약한 것이다.

회사의 형태	소규모기업		중소기업		대기업
	합명회사	합자회사	유한회사	유한책임회사	주식회사
사원의 구성	무한책임사원	무한책임사원, 유한책임사원	유한책임사원	유한책임사원	유한책임사원 (주주)
사원의 수	2인 이상	각각 1인 이상	1인 이상	1인 이상	1인 이상
기관 - 회사대표	무한책임사원	무한책임사원	대표이사	업무집행사원	대표이사 또는 대표집행임원 (집행임원설치회사)
기관 - 의사결정	무한책임사원	무한책임사원	사원총회	업무집행사원	주주총회
기관 - 업무집행	무한책임사원	무한책임사원	이사	업무집행사원	이사회, 대표이사
기관 - 감사기관	없음	없음, (유) 감시권	감사 (임의기관)	없음	감사, 감사위원회
출자	재산, 노무, 신용	(무) 재산, 노무, 신용 (유) 재산	재산	재산	재산
지분양도	사원 전원의 승인	(무) 사원 전원 (유) 무한책임사원 전원	자유	사원 전원의 동의 (정관에 따라 지정 가능)	자유

상법상 기업 형태별 차이

출처: 한국기업지배구조원.

참고: 유한책임의 의의

인류 역사 발전 과정에서 사업을 운영하는 자가 사업에 대해 책임을 지는 것, 즉 무한책임을 지는 것은 너무나 당연한 일이었다. 사람은 유일하게 자산을 소유하고 계약할 수 있는 존재로서, 마차 제조 사업체는 마차를 만드는 사람 자체를 의미했다. 만약 마차가 일주일 만에 부서졌다면, 마차를 산 사람은 사업자 개인에게 소송을 걸 수 있었다. 돈을 빌려서 사업을 하다가 작업장이 망한다면 개인 자산을 팔아서 갚아야 했을 것이며, 갚지 못하면 법적 책임을 져야 했다. 자신의 작업장에서 일어난 모든 의무에 대해 자신이 모든 책임을 져야 했다. 그런데 이 방식은 인류에 필요한 혁신의 걸림돌이 되었다. 실패했을 때의 위험이 너무나도 커 새로운 아이디어를 사업화하기 어려웠던 것이다.

그러다 '법인'이라는 개념이 등장했는데, 이는 설립자 및 투자자와 법적으로 독립적인 존재로서의 회사를 등장시켰다.[11] 오늘날 사회에서 자동차가 일주일 만에 고장이 나면 소비자는 '회사'를 상대로 손해배상을 청구한다. 유한회사 또는 주식회사가 등장하자, 회사가 파산했을 때 설립자 및 투자자가 회사의 채무를 갚을 필요도 없어졌다. 즉, 개인이 아닌 회사에게로 채무의 책임이 돌아갔고, 갈수록 기업가들이 새로운 사업에 도전할 수 있는 발판이 튼튼하게 마련되었다.

언제나 제도를 악용하는 사람이 있기에, 의도적으로 과도한 채무를 지고 파산하거나 불법적인 일을 저지르고 책임을 회피하는 경우도 종종 있다. 그래도 우리는 계속 사람들이 모험을 통해 사회를 발전시킬 수 있는 제도를 이어나가야 한다. 법인과 유한책임을 도입한 이후, 기업가들은 위험을 무릅쓰고 새로운 도전을 하며 경제와 사회를 빠르게 발전시켰다. 앞으로도 많은 사람들이 과감한 혁신을 시도할 수 있도록 안전망과 인센티브를 제공해야 한다.

우리나라 기업 현황

기업의 수

---

[11] 먼저 교회나 대학에 법인의 개념이 적용되면서 사람이 아닌 실체가 재산을 소유하고 계약할 수 있는 권한을 가지기 시작했다.

기업은 크게 개인기업과 공동기업(법인기업)으로 구분할 수 있다. 그렇다면 우리나라에는 기업들이 얼마나 많이 있을까?

통계청이 발표한 자료에 의하면 2019년 기준 우리나라에서 활동하고 있는 기업은 약 653만 개로, 법인기업이 약 10%(70만 개), 개인기업이 약 90%(583만 개)를 차지한다.[12] 편의점, 음식점, 학원, PC방 등을 생각하면 개인기업이 대부분을 차지하는 것은 쉽게 이해할 수 있다. 업종으로 보면 부동산업(22.5%), 도·소매업(22.0%), 숙박·음식점업(13.1%)의 순으로 구성되어 있다. 부동산업이 많은 것은 주택임대사업자로 등록한 경우가 많기 때문이다.

이 수치가 얼마나 많은 것인지도 살펴보자. 2019년 기준으로 대한민국의 인구는 약 5,171만 명이므로, 인구 8명당 하나의 기업이 있는 셈이다. 또 가구당 평균구성원수는 3.1명 정도이므로, 2.6 가구당 하나의 기업이 존재한다. 이 중 90%가 개인기업이니 우리나라에서 자영업이 차지하는 비중이 무척 높다는 것을 알 수 있다.

8명당 하나의 기업   2.6가구당 하나의 기업

매우 높은 우리나라의 자영업 비중

12 통계청의 기업생멸행정통계와 영리법인통계 결과를 보면 우리나라에 얼마나 많은 개인기업과 법인기업들이 있는지를 알 수 있다. 활동하고 있는 기업은 영리기업 중 매출액 또는 상용근로자가 있는 기업으로 정의했다.

기업 수는 개인기업이 압도적으로 많지만, 고용 측면에서 보면 법인기업이 1,100만 명 정도(55.5%)를 고용하고, 개인기업은 900만(44.5%)명 정도를 고용한다. 개인기업의 수가 583만 개인 점을 고려하면, 개인기업은 기업당 한두 명 정도가 있는 소규모 자영업임을 알 수 있다.

	개수	비율	종사자(명)	비율	기업당 평균종사자(명)
법인기업	695,000	10.6%	11,600,000	55.5%	16.7
개인기업	5,832,000	89.4%	9,291,000	44.5%	1.6
합계	6,527,000	100.0%	20,891,000	100.0%	3.2

2019년 우리나라의 활동기업 및 종사자[11]

기업의 증감

기업은 1년에 얼마나 많이 생겨나고 사라질까? 새로 생긴 기업수에서 사라진 기업수를 차감하면 매년 순증가하는 기업수를 알 수 있다. 코로나19 이전 추세를 보면 법인기업과 개인기업이 모두 순증가하는 추세에 있었다. 2015년부터 2019년까지 5년 평균으로 법인기업은 1년에 3만 6,000개 정도 순증가하고, 개인기업은 15만 7,000개 순증가해 전체 기업의 수는 계속 증가하고 있다.

---

11 통계청, 2019년 기업생멸행정통계. 앞에서 '회사 형태별 법인수'에서 살펴 본 국세청 통계자료에 의하면 4가지 유형의 회사가 약 83만 개인데, 이는 통계청의 수치와 차이가 있다. 이러한 차이는 통계자료를 작성하는 목적에 따라 정의가 조금씩 다르기 때문이다. 회사는 법인의 일부임을 고려하면 국세청에서 집계하는 법인의 범위가 더 넓다고 할 수 있다. 어느 자료든지 회사의 형태별 분포를 확인하기에는 큰 문제가 없다.

	2015년	2016년	2017년	2018년	2019년
활동기업	5,554 (100%)	5,776 (100%)	6,051 (100%)	6,250 (100%)	6,527 (100%)
법인기업	548 (10%)	585 (10%)	621 (10%)	657 (11%)	695 (11%)
개인기업	5,005 (90%)	5,191 (90%)	5,429 (90%)	5,593 (89%)	5,832 (89%)

기업수와 상대비율

(단위: 천개, %)

매출액 규모	활동기업			
	2018년	2019년		
			증감비율	구성비율
전 체	6,250	6,527	4.4%	100.0%
5,000만 원 미만	3,082	3,250	5.5%	49.8%
5,000만 원~1억 원 미만	916	951	3.9%	14.6%
1억 원~5억 원 미만	1,476	1,530	3.7%	23.4%
5억 원~10억 원 미만	348	358	3.0%	5.5%
10억 원~50억 원 미만	335	341	1.8%	5.2%
50억 원~100억 원	50	51	2.4%	0.8%
100억 원 이상	44	44	1.0%	0.7%

매출액 규모별 기업생멸 현황

출처: 통계청, 2019년 기업생멸행정통계.

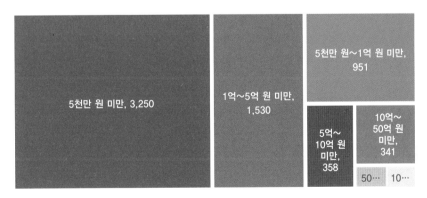

매출액 규모별 활동기업 수

기업들의 규모는 얼마나 될까? 매출액으로 기업의 규모를 가늠해보면 다음과 같다.

소규모 개인기업이 많은 만큼, 매출액이 작은 기업들이 대부분을 차지하고 있다. 매출액 5,000만 원 미만인 기업이 약 50%(325만 개)를 차지하고, 5,000만 원에서 1억 원 사이인 기업은 14.6%(95만 개)를 차지해 1억 원 미만의 기업이 약 65%다. 그렇다면 이 매출로 직원들의 인건비를 충당할 수 있을까? 한두 명이 상시적으로 일한다고 가정했을 때 매출액 자체가 인건비에 미치지 못하는 기업이 상당할 것이라 짐작된다.

매출액 1억 원에서 5억 원 미만의 기업은 23.4%를 차지하여 기업 중 매출액 5억 원 미만의 기업이 87.8%(573만 개)이고, 매출액 5억 원 이상인 기업은 오직 12.2%(79만 4,000개)다. 앞서 법인 기업이 약 11%를 차지한다는 것을 고려하면, 매출액 5억 원 이상인 기업은 대부분 법인기업인 것으로 여겨진다.

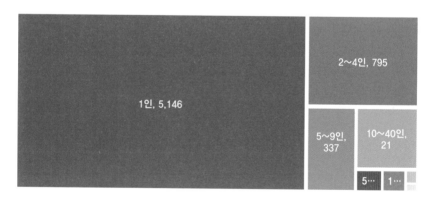

종사자 규모별 기업 수

종사자 규모	활동기업			
	2018년	2019년	증감비율	구성비율
전 체	6,250,000	6,527,000	4.4%	100.0%
1인	4,930,000	5,146,000	4.4%	78.9%
2인 이상	1,320,000	1,380,000	4.6%	21.1%
2~4인	752,000	795,000	5.6%	12.2%
5~9인	326,000	337,000	3.4%	5.2%
10~49인	208,000	215,000	3.4%	3.3%
50~99인	19,000	19,000	−0.1%	0.3%
100~199인	9,000	8,000	−2.1%	0.1%
100~299인	2,000	2,000	0.9%	0.0%
300인 이상	4,000	4,000	−0.1%	0.1%

종사자 규모별 기업생멸 현황

전체 기업 중에서 종사자가 1명인 기업은 약 79%(514만 개)를 차지하고 있다. 4인 이하 종사자가 있는 기업의 비중은 91.1%(594만 개)이다. 기업의 대부분은 소규모 소매출액 기업인 것이다.

주식회사는 무엇인가

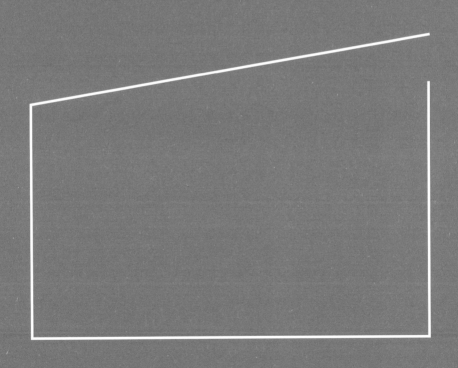

1장에서는 주식회사를 법적인 측면에서 살펴 보았다. 다른 회사와 어떻게 다른지를 비교하기 위해 상법상 회사의 정의와 종류를 알아보았다. 개념과 규범적인 내용을 중심으로 설명을 했기 때문에 추상적이고 어렵게 느껴질 수 있다.

2장에서는 자금조달의 측면에서 주식회사를 바라볼 것이다. '떡볶이 형제'라는 가상의 회사를 설립하는 과정을 통해 앞서 살펴본 개념들을 다시 확인하면서 주식회사를 좀 더 깊게 이해해 볼 것이다. 재무제표의 개념도 일부 살펴보도록 하자. 이 사례를 통해 이후 더 깊은 내용을 쉽게 이해하고 주식과 채권 투자에 대한 기본적인 지식을 갖출 수 있을 것이다.

주식회사의 설립 사례

자금조달과 자금의 활용

김군은 요리가 취미이며, 특히 떡볶이를 좋아했다. 떡볶이를 수천 번 만들다가 정말 맛있는 떡볶이 요리법을 찾았다. 주변 사람들에게 시식을 부탁했을 때도 모두가 맛있다고 칭찬하여 자신감을 얻어 떡볶이 사업을 시작하기로 했다.

사업을 하기 위해서는 돈과 사람이 필요했다. 포장마차, 요리 도구 및 재료를 구입해야 하고, 요리와 손님 응대를 혼자서 하기는 어려웠기 때문이다.

그래서 김군은 요리 동아리에서 만난 취사병 출신 친구인 박군을 찾아갔다. 박군은 대량으로 음식을 만들어 본 경험이 있는 적임자로서 김군이 동업을 하자는 제안을 흔쾌히 수락했다. 둘은 '떡볶이 형제'라는 이름으로 사업을 하기로 했다.

떡볶이 사업을 위해 필요한 것들을 마련하기 위해 김군이 100만 원, 박군이 50만 원을 냈다. 이 150만 원은 사업을 하려는 사람(사원)이 사업을 위해 낸 출자금이다. 김군과 박군이 낸 돈을 다음과 같이 기록하자.

김군	100
박군	50

하지만 사업에 필요한 것들을 준비하기 위해선 최소한 500만 원이 필요했다. 350만 원이 부족한 상황이라 주변의 다른 친구들에게도 동업을 하자고 제안했지만 같이 하겠다는 사람이 없었다. 하는 수 없이 부족한 350만 원은 빌리기로 하고, 일단은 둘이서만 회사 설립등기를 해 법인 '떡볶이 형제'를 만들었다.

자금을 구하기 위해 먼저 부모님을 찾아가 사업을 설명 드렸다. 부모님은 회사에 150만 원을 빌려주면서, 회사로부터 매년 10% 이자를 받고, 3년 뒤에 원금을 상환 받는다는 채무증서를 받았다. 이로써 총 300만 원을 모았다. 여전히 200만 원이 부족했기에 빅캐시 은행에 갔더니, 은행에서는 연 20%의 이자로 1년만 빌려주는 것을 제안했다.

드디어 500만 원을 모았다. 김군과 박군이 150만 원을 출자했고 350만 원은 빌렸다. 떡볶이 형제 회사의 자금조달 내역을 그림으로 정리하면 다음과 같다.

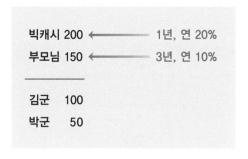

빌린 돈은 구분하여 적는다

둘은 조달한 500만 원으로 떡볶이 사업에 필요한 물품과 집기, 재료 등을 마련했다. 설명을 위해 간단하게 포장마차와 떡만 필요하다고 가정하자. 떡을 사는 데에 100만 원, 포장마차를 사는 데에 350만 원을 썼다, 그리고 영업을 위해 현금 50만 원을 가지고 있었다. 지금까지 김군과 박군이 떡볶이 형제의 자금과 관련해 한 일들을 알기 쉽게 정리해보자.

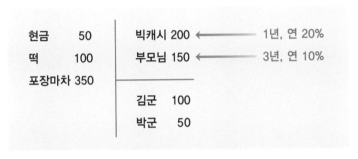

간략한 재무상태표의 구조

우측은 500만 원이라는 자금이 어디에서 왔는지를 표시한다. 그리고 빅캐시은행 및 부모님으로부터 빌린 돈과, 김군과 박군이 출자한 돈은 성격이 다르기 때문에 위아래로 구분했다. 위쪽에 빌린 자금은 '타인자본', 아래쪽 출자한 자금은 '자기자본'이라고 한다.[1]

자기자본과 타인자본은 성격이 매우 다르기 때문에, 이 둘의 차이를 이해하는 것은 대단히 중요하며 금융의 핵심이기도 하다.

타인자본은 빌린 돈이기에 기일이 되면 갚아야 하고, 이자를 지급해야

---

1 여기서의 자본이란 말은 넓은 의미로 기업이 조달한 자금(Capital)을 의미한다. 좁은 의미로 자본은 자기자본(Equity)을 일컫기도 한다. 한자로는 같지만 영문으로는 다르다.

한다.[2] 타인자본을 자기자본 위에 기록한 이유는 자기자본보다 타인자본이 우선한다는 것을 보여주기 위함이다. 만약 사업을 그만 두고 회사를 정리하는 경우, 회사의 재산을 처분하여 마련한 자금으로 먼저 타인자본을 갚아야 한다. 그후에 남은 자금은 김군과 박군이 나눠갖는다.

그림의 좌측은 우측의 방법으로 조달한 자금이 기업에 어떠한 형태로 존재하는지를 보여준다. 김군과 박군이 출자와 대여를 통해 마련한 500만 원은 현금, 떡, 포장마차와 같은 회사의 재산이 되어 존재한다. 이것은 떡볶이 사업의 운영을 위해 사용될 것이다.

재무상태표

떡볶이 브라더스   20X6.11   (단위: 만 원)

자산 Assets	부채 Liabilities, 타인자본
	빅캐시 200(1년, 연 20%)
	부모님 150(3년, 연 10%)
현금 50	
떡 100	자본 Equitiy, 자기자본
포장마차 350	김군 100
	박군 50
자원의 형태 자금의 사용	자금의 조달 자금의 원천

떡볶이 브라더스의 재무상태표[3]

---

2   회사가 빌린 돈만 갖고 예를 들었지만, 실제로는 물건을 사오면서 지급할 외상대금, 종업원들에게 미래에 지급해야 할 퇴직금 등 여러 곳에 채무를 상환해야 한다. 명시적으로 이자를 부담하지 않는 경우도 있다.
3   실제 주식회사의 재무상태표는 투자자별로 금액을 기록하지는 않는다.

이렇게 한 눈에 보기 좋게 기업의 재산과 자금원천을 대조해 정리한 표를 회계에서는 '재무상태표(대차대조표)'라고 한다. 회사의 '재무상태'란 회사의 재산(자산)과 회사의 빚(부채, 타인자본), 그리고 재산에서 빚을 제외한 순수한 재산(출자자의 몫으로서 순자산, 자본, 자기자본 등으로 불림)이 얼마나 있는지를 의미한다. 즉 재무상태표는 회사가 재정적으로 어떤 상황에 있는지를 보여준다.

영업성과에 따른 투자자의 몫

김군과 박군은 연초에 가게를 열어 1년 동안 열심히 떡볶이를 만들어 팔았다. 1년 동안의 가상적인 사업 성과를 3가지 경우로 나누어 생각해 보자.

성공한 경우

사업이 아주 잘 되어서 매출이 5,000만 원 정도가 나왔다. 그러나 이 돈 모두가 김군과 박군이 바로 가져갈 수 있는 몫은 아니다. 떡볶이에 들어간 재료값, 아르바이트생의 임금, 빌린 돈에 대한 이자, 벌어들인 이익에 대한 세금 등을 지급해야 한다. 이렇게 주어야 할 것을 모두 주고 마지막에 남은 돈(순이익)[4]이 비로소 김군과 박군(자기자본 제공자)의 차지가 된다. 예를 들어 3,000만 원이 남았다면, 둘이 합의한 비율에 따라 이것을 김군과 박군이 나누어 가지면 된다.

---

4 수익에서 모든 비용을 차감하고 남은 이익을 순이익(net income)이라고 한다.

평범한 경우

떡볶이 사업이 시원치 않아서 매출이 1,000만 원 정도가 나왔다. 관련된 비용이 모두 500만 원 발생했을 때 김군과 박군의 몫은 차액인 500만 원이다.

실패한 경우

떡볶이가 잘 팔리지 않아 애써 만든 떡볶이를 버리는 등 위기가 종종 있었다. 매출은 200만 원 정도가 나왔다. 번 돈은 적지만 납품업체의 외상값은 갚아야 할 것이다. 아르바이트생 임금도 줘야 하고, 빌린 돈 이자도 내야 하고, 세금도 내야 한다. 계산해보니 들어간 비용은 300만 원이었다. 번 돈보다 많은 비용이 발생하여 100만 원의 손실이 났다. 이 손실은 김군과 박군이 감당해야 하는 손실이다.

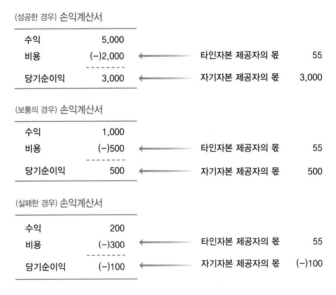

경우에 따라 달라지는 자기자본 제공자의 몫

예시처럼 사업의 성과에 따라서 김군과 박군은 많은 금액을 가져갈 수도 있고, 손실을 감당해야 할 수도 있다. 여기서 타인자본제공자(채권자, 부채에 대한 청구권을 보유한 자)와 자기자본제공자(사원, 주주)의 아주 중요한 차이를 확인할 수 있다. 타인자본제공자는 회사가 실패하여 갚게 될 능력을 상실하지 않는 한 성과에 상관없이 정해진 대가를 받아갈 권한이 있다. 부모님은 1년 동안의 이자 150만 원×10% = 15만 원을, 빅캐시 은행은 이자 200만 원×20% = 40만 원을 받아가고 때가 되면 원금도 받아갈 것이다. 타인자본제공자로서는 정해진 대가를 받아가기에 사업의 성과에 영향을 받지 않는 안정성은 있지만, 정해진 수익 이상을 올리기는 어렵다. 이들의 관심사는 '내 이자와 원금을 다 줄 때까지 기업이 망하지 않고 버틸 수 있을까'이다.

반면 자기자본제공자가 가져가는 몫은 성과에 따라 달라진다. 자기자본제공자는 지불해야 할 것을 모두 지불하고 남는 것(잔여)을 가져가기 때문이다. 성과가 좋으면 많이 가져가지만, 오히려 지불해야 할 것이 많으면 손해를 볼 수도 있다. 기업 성과에 따라 받을 수 있는 몫이 달라지므로 자기자본제공자는 '기업이 얼마나 많이 벌 수 있을까'에 관심을 갖는다. 타인자본제공자와 자기자본제공자의 관심사에는 매우 큰 차이가 있다.

이익잉여금과 재투자

기업의 자금 조달: 출자금+채무+내부조달자금

사업을 하기 위해서는 자금이 필요하다. 떡볶이 형제에서 최초 자금의 원천은 김군과 박군이 회사에 투자한 돈, 즉 출자금이었다. 또한 출자금만 으로는 부족해서 은행과 부모님을 통해 빚을 졌다. 이것을 갚아야 될 돈, 빌린 돈이라는 의미로 빚을 뜻하는 채債, 수행해야 할 의무義務라는 뜻에서 무務를 가져와 채무債務라고 한다. 일단 회사가 설립되고 나서는 출자금이 나 채무로 조달한 자금뿐만 아니라, 회사의 사업을 통해 벌어들인 자금으 로 회사에 재투자를 할 수도 있다.

예를 들어 떡볶이 사업이 잘 되어 김군과 박군이 회사로부터 가져갈 수 있는 몫인 순이익이 3,000만 원이었다고 하자. 김군과 박군은 이 이익을 배당 받아서 학비를 내거나, 방세를 내거나, 맛있는 음식을 사먹을 수도 있 다. 그러나 배당을 받지 않고 일부를 그대로 회사에 남겨서(유보) 회사의 규모를 키우는 데에 사용할 수도 있다. 즉, 3,000만 원 중, 1,000만 원은 배당을 받아서 사용하고, 나머지 2,000만 원은 회사에 남겨 사업을 확장 하거나 운영하는 데에 사용할 수 있는 것이다. 이 금액은 김군과 박군이 당 장 가져가기를 포기하는 대신 회사의 사업에 투자하기 위해서 남겨둔 이익 부분이라고 할 수 있다. 이렇게 배당으로 빠져나가지 않은 순이익을 재무상 태표에 차곡차곡 누적해서 기록해 놓은 금액을 '이익잉여금'이라고 한다.

기업의 사업성과로 벌어들인 이익 중 주주나 사원이 배당을 받지 않고 남겨둔 부분인 이익잉여금은 회사의 사업을 통해 스스로 조달한 자금이므 로 내부조달자금이라고 할 수 있다. 배당을 받아가는 경우 회사 밖으로 나 가니 '사외유출', 남겨 두는 것은 회사에 남으니 '사내유보'라는 표현을 쓰 기도 한다.

요약하자면 기업의 자금 조달 방법은 크게 3가지로 구분할 수 있다. 주주(사원)의 출자금, 채무로 조달한 자금, 영업의 성과를 배당하지 않고 재투자한 내부조달자금이다. 처음에는 출자금과 채무조달자금만 있었겠지만 영업이 계속되면서 내부조달자금이 기업에 재투자될 수 있다. 내부조달자금(이익잉여금)이 많다는 것은 그만큼 주주(사원)들이 회사가 번 이익을 바로바로 배당으로 받아가기보다는 성장을 위해 회사에 다시 투자했다는 의미이다. 자신이 받아갈 돈을 다시 투자했으니 주주(사원)들의 몫이라고 할 수 있다.

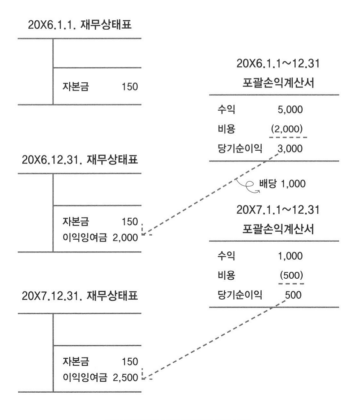

재무상태표와 포괄손익계산서의 관계

중요한 점은 이익잉여금은 회사에 현금으로 쌓아둔 것이 아니라는 것이다. 이익잉여금은 주주가 배당으로 받기를 포기하고 회사에 재투자한 금액이 얼마였는지를 기록한 것일 뿐이다. 즉, 회사 자금의 출처를 기록한 것이다. 출자금이나 대여금이 회사의 자원을 마련하고 비용을 지급하는 데에 사용되는 것처럼 이익잉여금도 설비를 비롯한 다양한 형태의 자원이 되어 회사에 존재한다.

표와 함께 자기자본을 중심으로 다시 한 번 살펴보자. 회사는 20X6년 초 사원으로부터 150만 원을 조달해 영업을 시작했다. 첫 해에 모든 비용을 제하고 남은 것이 3,000만 원인데 배당을 1,000만 원 지급하여 남은 2,000만 원은 20X6년 말 이익잉여금에 누적되었다. 이제 2,000만 원만큼 추가한 금액이 회사가 사원으로부터 받은 자금원이 될 것이다. 20X7년에 모든 비용을 제외하고 남은 순이익이 500만 원이고 배당은 지급하지 않았다면 이 이익이 누적되어 20X7년 말 이익잉여금은 2,500만 원이 된다.

주식과 채권

작은 기업을 만들 때에는 소규모의 인원이 소규모의 금액을 출자해 설립할 수도 있지만 필요한 금액이 큰 경우에는 그 자금을 쉽게 마련하기 어렵다. 예를 들어 1,000만 원이 드는 사업의 밑천은 쉽게 마련할 수 있으나, 1,000억 원이 드는 사업의 밑천은 마련하기 어렵다. 제철소, 화학 공장, 반도체 공장 같은 사업들이 많은 자금을 필요로 한다.

이럴 때는 적은 수의 사람에게서 투자금을 받는다든지, 은행이나 다른 기업에서 자금을 빌리는 것이 쉽지 않다. 하나의 사업체에 빌려주는 금액의 규모가 큰 경우 투자하거나 빌려줄 수 있을 만큼 자금이 많은 조직도 한정되며, 투자에 대한 위험부담도 크기 때문이다.

보다 쉽게 대규모 자금을 모으고 싶다면 어떻게 해야 할까? 작은 금액들일지라도 수많은 사람들이 모아준다면 큰돈을 마련할 수가 있다. 100억 원을 모으기 위해 한 사람이 100억 원을 투자하기는 어렵지만 10,000명의 사람이 각각 100만 원씩 투자하면 더 쉽게 모을 수 있다. 투자자의 입장에서도 한 기업에 거액의 금액을 투자하는 것보다는 금액을 쪼개어 여러 회사에 투자하는 것이 위험이 적다. 이처럼 작은 규모일지라도 수많은 사람들을 모을 수 있다면 각 투자자의 위험은 줄이면서도 회사는 큰 자금을 모을 수 있을 것이다. 이 아이디어가 그대로 적용된 것이 주식과 채권이다.

주식: 주식증권

주식회사가 발달하던 초기에는 김군과 박군의 사례처럼 투자자의 이름을 명부에 적고, 각자 얼마를 투자했는지 그 금액을 장부에 적어서 관리했다. 그러나 수많은 사람들의 다양한 금액 출자를 일일이 기록하고 파악하는 것은 어려운 일이다. 더욱이 지분을 거래할 때면 매번 판 사람과 산 사람의 명단을 찾아 수정해야 하는 불편함이 있었다.

이후에는 지분 거래의 편의를 돕기 위해 지분의 규격화와 표준화가 이루어졌다. 이제 명부에 이름을 적고 투자금액을 적는 대신에, 증서를 발행해 투자금에 해당하는 만큼 증서를 주는 것이다. 투자자는 투자를 많이 하고 싶으면 투자자의 지위를 나타내는 증서를 많이 사면 되고, 적게 투자하고 싶으면 적게 사면 되는 것이다.

기업이 발행해 투자자가 받은 증서는 회사의 지분을 샀다는 증거물이 된다. 이 증서는 사고팔 수 있고 산 사람은 회사의 지분에 대한 권리를 이어받는다. 규격화된 문서로서 회사에 대한 권리를 증명하는 이 증서가 바로 주식증권, 줄여서 주식이다.[5] 주식을 통해 지분 투자와 거래가 용이해졌다.

이 증서의 거래는 초기에는 매매를 원하는 당사자들이 만나 거래하던 것에서 집단적으로 모여 시장에서 중개인을 통해 거래를 하는 형식으로 발전했고, 오늘날에는 이 주식을 컴퓨터와 스마트폰 등을 이용하여 온라인으로 쉽게 사고팔 수 있다.

채권: 채무증권

회사가 돈을 빌릴 때도 마찬가지다. 큰 금액의 돈을 빌려야 하는 경우 작은 규모로 나누어 수많은 사람들에게 빌릴 수 있다. 이것을 체계화한 개념이 채권(채무증권)이며, 채무(빚)를 잘게 쪼갠 것이다. 채권은 '이 증서의 소유자에게 3년 뒤에 1억 원을 갚겠습니다. 매년 10%의 이자를 드리겠습니다'와 같은 의미를 지닌 증서다. 따라서 채권을 산다는 것은 빚 증서(채권)를 받고 회사에 돈을 빌려주는 것이고, 채권투자자는 돈을 빌려준 채권자가 된다. 기업어음이라고 불리는 CP$^{Commercial\ Paper}$ 역시 기업이 자금을

---

5 주식을 증권이라 말하는 경우들도 보게 되는데, 주식은 (유가)증권의 일종이다. '재산적 가치가 있는 문서, 재산적 권리를 표시한 증서'를 '유가증권 有價證券, security'이라고 하며 줄여서 흔히 '증권'이라고 말한다. 지폐나 수표 등은 당연히 유가증권이고, 어음, 주식, 채권 등도 유가증권에 해당한다.

조달하기 위해 발행하는 채권의 일종이다.

따라서 채권투자, 주식투자는 각각 앞서 설명한 타인자본제공자, 자기 자본제공자와 동일한 인센티브를 가진다. 채권투자자는 회사가 망하지 않고 원금과 이자를 제때에 완전히 받을 수 있을지가 관심사가 되고, 주식투자자는 회사가 사업을 해 최종적으로 벌어들이는 이익에 더 많은 관심을 기울인다.

주식투자의 의미

2020년 세계적인 인기그룹 BTS의 소속사인 하이브(전 빅히트 엔터테인먼트)가 주식공모를 했다. 주식공모란 회사의 주식을 공개적으로 팔 것이니 매입을 원하는 사람을 모집한다는 뜻이다. 하이브는 주당 13만 5,000원에 약 700만 주를 팔아서 1조 원 정도를 마련하겠다고 했고, 많은 사람들이 주식을 사겠다고 몰려들었다. 얼마나 인기가 있었는지 청약증거금의 규모가 58조 원에 달했다.[6] 1억 원을 증거금으로 넣었을 때 약 2.4주를 받을 수 있는 정도의 경쟁률이었다.

---

6 주식공모에 참여하고자 할 때는 청약증거금을 넣어야 한다. 청약(請約)이란 어떤 계약을 맺기 위해 신청하는 것을 의미한다. 기업 상장에 따른 공모주를 사기 위해서는, 먼저 사겠다는 약속과 함께 증거금을 넣는다. 이후 청약내용을 취합해 경쟁률에 따라 주식을 나누어 주는데 이를 배정이라고 한다. 원하는 수량만큼 배정받지 못한 경우에 남은 청약증거금은 돌려받는다.

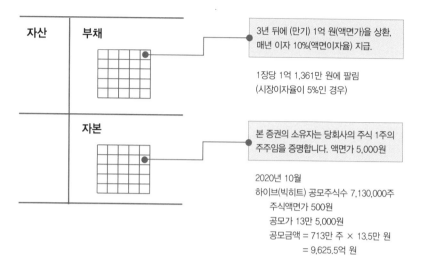

자산	부채	3년 뒤에 (만기) 1억 원(액면가)을 상환, 매년 이자 10%(액면이자율) 지급.

1장당 1억 1,361만 원에 팔림
(시장이자율이 5%인 경우)

본 증권의 소유자는 당회사의 주식 1주의
주주임을 증명합니다. 액면가 5,000원

2020년 10월
하이브(빅히트) 공모주식수 7,130,000주
  주식액면가 500원
  공모가 13만 5,000원
  공모금액 = 713만 주 × 13.5만 원
         = 9,625.5억 원

채권과 주식

이처럼 전망이 밝은 회사는 거대한 금액을 순식간에 모을 수 있다. 회사는 이렇게 모은 자금을 사업에 투자해 성장함으로써 경제를 활성화한다.

주식은 '본 증권의 소유자는 당회사의 주식 1주의 주주임을 증명합니다'를 나타내는 증서이다. 그런데 대체 왜 이런 증서를 사는 것일까?

주식의 본질은 '기업에 대한 투자를 조각으로 만들어 동업자가 되는 것을 편리하게 만들어 놓은 장치'다. 주식을 사서 주주가 된다는 것은 김군과 박군처럼 '회사의 동업자'가 되는 것이다. 따라서 주식을 보유하면 지분에 비례해 회사의 이익을 나누어 가질 수 있고(배당권), 회사의 의사결정에 참여할 수 있다(의결권).

10주의 주식을 가진 주주는 1주를 가진 주주보다 배당을 10배 받아갈 수 있다. 주식회사에서 의사결정을 할 때도 주식 1주당 1표의 의사를 표현할 수 있다. 10주의 주식을 가진 주주는 1주를 가진 주주보다 의사표현을

할 수 있는 투표권이 10배가 되는 것이다.[7]

배당으로 수익을 올리고자 하는 주식투자자도 있고, 회사의 의결권을 다수 확보해 회사의 경영권을 가지고자 하는 주식투자자도 있다. 물론 배당권이나 의결권을 중요하지 않게 생각하는 이들도 많다. 단지 주가가 올랐을 때 팔아 차익을 남길 생각으로 투자를 하는 경우도 흔하다.

주식의 본질을 고려하면 주식에 투자할 때는 경영자가 과연 동업자로서 믿을만하고 능력 있는 사람인지, 기업의 성과가 앞으로도 좋을 것인지를 판단하는 것이 핵심이다. 주식의 가격은 회사가 주식을 발행한 후 끊임없이 변하는데, 회사의 전망이 좋아 보이면 가격이 오른다. 반면 회사의 사업이 휘청거린다면 그 주식을 보유하거나 사는 것을 기피하게 되므로 가격이 떨어지게 된다. 이처럼 주식은 사람들이 예상하는 회사의 가치에 따라서 가격이 오르락내리락 한다.

착각하지 말아야 할 점은 회사의 재무상태표에 기재된 주주 몫인 '자본'과 주식시장에서 평가되는 주주가 가진 주식가치인 '시장가치'는 서로 다른 개념이라는 것이다. 재무상태표 자본에 기재된 금액장부가치, book value은 회사가 설립되어 지금까지 주주가 회사에 납입한 금액과 회사가 스스로 벌어들여 배당하지 않고 재투자한 금액 등이 누적되어 있는 것이다. 주주지분의 시장가치market value는 해당 회사에서 발행한 주식을 사람들이 얼

---

7 참고로 이 설명은 보통주에 대한 설명이다. 우선주를 발행하는 경우 우선주는 보통주에 비해 배당을 우선적으로 받지만 의결권은 없다. 국내에 도입되지는 않았지만 해외에서는 차등의결주식(Dual-Class Share) 제도가 있어서 특정 그룹의 주식에 의결권을 더 많이 부여하는 것을 허용하기도 한다.

마에 사고파는지에 따라 결정되는 것이다.

참고로 주가가 오르거나 주식이 활발하게 거래된다고 해서 회사가 주주로부터 받는 투자금이 증가하는 것은 아니다. 회사가 주주로부터 투자금을 받는 경우는 처음 주식을 발행해 주주들에게 주고 대가를 받을 때이고, 이후에 주식은 회사의 손을 떠나 투자자들끼리 자유롭게 거래하게 된다. 화가가 그림을 그려 팔면, 처음 팔 때 그림값을 받지만 이후에 그 그림의 주인이 바뀔 때는 그 가치가 얼마든 따로 받는 돈이 없는 것과 마찬가지다. 그러나 누구를 통해 주식을 매입하게 되었든, 주식이란 증서를 보유하는 사람은 처음 회사에 자금을 출자한 주주의 자리를 이어 받아 보유한 주식의 수에 비례하여 회사에 자신의 몫(지분)을 인정받는다.

참고: 회사의 청산과 배분 우선순위

더 이상 사업을 이어가기 힘든 상황이 와서, 사업을 그만둬야 할 때는 어떤 일이 벌어질까? 경영자가 마음대로 회사를 없앨 수 있는 것이 아니라 법적인 절차를 따라야 한다. 회사가 채무를 갚지 못해 파산을 했는데 회생 가능성이 없거나, 존속하고자 하는 목적이 사라져서 법인을 해산하는 경우에 회사의 남은 재산을 정리하는 청산淸算, liquidation 과정을 거치게 된다. 회사를 정리하는 것은 회사와 이해관계를 가지고 있는 채권자, 직원, 고객, 공급자, 주주 등에게 중요한 영향을 미치므로 이들을 보호하기 위해 법률에 제시된 과정을 따라야 한다.

청산 과정에서 회사는 재산들을 현금화해 채무를 변제한다. 채권자들에게 변제한 이후에도 남은 재산이 있을 때에는 주주와 같은 투자자에게 배분한다. 그렇다면 회사 채무의 종류 및 채권자의 형태는 어떤 것이 있을까?

회사는 사업을 하면서 어떠한 형태로든 갚아야 할 채무를 지게 된다. 공장을 짓고 설비를 마련하기 위해서 은행으로부터 장기간 자금을 빌리거나, 채권을 발행한다든지, 일시적으로 결제대금이 필요해서 짧은 기간 동안 자금을 빌리는 것들은 금융과 관련한 채무라 할 수 있다.

정상적인 영업을 하는 과정에서도 채무는 발생한다. 기업의 거래는 원자재나 상품을 사올 때 외상으로 매입을 하고 나중에 대금을 지급하는 신용거래가 일반적인데 외상대금, 즉 공급업체가 납품했는데 아직 대금을 지불하지 않은 외상매입금도 채무다. 또한 직원들에 대한 채무로서 회사는 종업원들에게 퇴직금을 주어야 하는 의무가 있다. 고객에 대한 채무로서 제품을 판매하고 난 후나, 건물을 짓고 난 뒤에 하자가 있는 경우에 대한 보증이 있다.

이렇듯 어떠한 회사도 채무를 가지고 있을 수밖에 없다. 따라서 회사를 그만두고 청산할 때 회사의 근로자, 자금 대여자, 납품업체, 소비자, 정부에 대한 세금 등 이해관계자에게 피해가 가지 않도록 먼저 지급을 한다. 그리고 나서 남은 것이 있을 때 투자자에게 분배한다. 회사의 수익을 나눠 가질 때 모든 비용을 차감하고 남은 것을 투자자가 가져가듯이 청산에 있어서도 투자자가 마지막으로 분배를 받아 최종 책임을 지는 것이다.

스타트업의 설립과 성장

주식투자에 성공해서 큰 수익을 얻는 사람이 있는가 하면, 회사를 창업해서 큰 부를 얻는 사람들이 있다. 전자로는 버크셔 해서웨이의 워런 버핏이 있고, 후자로는 테슬라의 일론 머스크가 있다.

김군과 박군의 떡볶이 사업 사례를 통해 회사의 설립과 주식의 개념에 대해 가볍게 살펴보았다. 이번에는 규모를 좀 키워 주식회사의 자본조달을 이해하기 위해 스타트업 창업자와 스타트업 투자를 전문적으로 하는 투자자들이 어떻게 부를 일구는지 알아보자.

회사의 설립

인공지능 연구를 하는 금창업씨는 새로운 인공지능 기술을 기반으로, 유전자를 분석해 질병진단을 하는 사업을 하기로 결심했다. 금창업씨는 기술력을 가졌지만, 영업과 재무 등의 업무는 보다 전문적인 능력을 가진 사람에게 맡기기로 했다. 금창업씨는 다른 기업에서 많은 경험을 쌓은 친구 강기업씨를 설득해 같이 사업을 하기로 했다.

금창업씨를 대표이사로 하여, 둘은 주식회사를 설립하기로 했다. 금창업씨는 자신이 모은 9,000만 원을 출자했고, 강기업씨는 1,000만 원을 출자했다. 그 결과 자본금 1억 원에 주식 1만 주를 발행해 금창업씨가 90%인 9,000주를, 강기업씨는 1,000주를 가지기로 했고, 주식회사 법인 설립 등기를 했다. 이로써 주식회사 '금강바이오'가 설립되었다.

금강바이오

자산	부채
	자본 금 90% (9,000주) 강 10% (1,000주)

금창업 9,000만 원
강기업 1,000만 원

주주(투자자)	지분비율	주식수	투자금액
금창업	90%	9,000	9,000만 원
강기업	10%	1,000	1,000만 원
합계	100%	10,000	1억 원

금강바이오 설립 직후 출자 지분

자금조달과 지분율 희석

주식회사 금강바이오는 초기의 자금 1억 원으로 사무실을 얻고 직원을 채용하고 기술개발을 시작했다. 기술개발은 순조롭게 진행되었지만 연구 과정에서 자금을 금방 사용해 추가 자금을 조달할 필요가 생겼다. 하지만 이제 막 시작한 금강바이오를 믿고 흔쾌히 투자할 사람이 있을까?

스타트업이 망하는 일은 흔하다. 우리나라의 창업기업이 5년 동안 생존할 가능성은 29.2%에 불과하다.[8] 그렇기 때문에 아직 극초기의 단계인 기

---

8 '국내외 재창업 지원 정책 비교 및 시사점' 보고서, 중소벤처기업연구원, 2021.12.29.
9 투자수준과 범위가 확대되는 만큼 VC도 분화되어 기업의 성장단계와 수준에 따라 투자영역이 세분화되고 있다. 초기 진입정도에 따라 VC를 엔젤투자자, 액셀러레이터, 창업투자회사 등으로 구분하기도 한다.

업은 투자받기가 쉽지 않다. 일반적으로 스타트업은 성공하더라도 처음의 아이디어로 성공하는 경우는 드물고, 몇번씩 사업 아이템을 바꾸어 나가며 성장한다.

불확실한 스타트업이지만, 이들에게 전문적으로 투자하는 이들이 있다. 바로 VC^{Venture Capitalist}라고 불리는 이들이다. 우리나라에서는 주로 정부의 스타트업 활성화를 위한 정책자금을 운영하거나 IT기업으로 성공한 창업자와 투자자들이 초기 기업에 투자한다.[9] 이들은 돈을 빌려주는 것이 아니라 지분투자를 하기 때문에 그만큼 위험을 같이 짊어지지만 성공하면 더 많은 수익을 누린다.

스타트업이 실제로 성공하는 확률은 낮기 때문에, VC들은 여러 기업의 투자에서 실패하더라도 하나의 기업에서 매우 많은 투자수익을 올리는 형태로 투자한다. 창업자 입장에서는 실패할 시에 부채를 갚아야 할 막중한 부담에서 벗어나기 때문에 창업의 위험을 덜게 되어 진취적인 아이디어를 현실화하는 데에 집중할 수 있고, VC들로부터 경영에 대한 조언도 얻고 관련 기업들과 교류도 할 수 있어서 성공의 확률을 높일 수 있다.

금강바이오의 금 대표는 바이오 전문 VC인 바이오엔젤을 찾아갔다. 아직 회사의 기술이 성숙하지 않고 이용자도 거의 없어서 수익이 나지 않지만, 앞으로 유망할 것으로 판단해 바이오엔젤은 현재 금강바이오의 가치를 8억 원 정도로 추정했다. 즉 회사의 지분을 모두 매입한다면 8억 원

---

9 신규주식수/(기존주식수+신규주식수) = 20%가 되도록 신규주식을 발행하면 된다. 기존주식수는 10,000주이므로 식을 풀면 신규주식수는 2,500주가 된다.

금강바이오

자산	부채
	금창업 9,000만 원
	강기업 1,000만 원
	자본
	금 70% (9,000주)
	강 8% (1,000주) ←
	바 20% (2,500주)

바이오엔젤 2억 원
Seed Round
기업가치를 8억 원으로 평가함.
바이오엔젤은 20% 지분을 2억 원에 매입.

주주(투자자)	지분비율	주식수	투자금액	평가가치
금창업	72%	9,000	9,000만 원	7억 2,000만 원
강기업	8%	1,000	1,000만 원	8,000만 원
바이오엔젤	20%	2,500	2억 원	2억 원
합계	100%	12,500	3억 원	10억 원

바이오엔젤 투자 유치 후 출자 지분

정도는 주어도 되겠다고 판단한 것이다. 바이오엔젤은 2억 원을 투자해 20%의 지분을 가지기로 합의했다. 금강바이오는 2,500주를 추가로 발행해 바이오엔젤에 주고 2억 원을 투자받았다.[9] 투자 유치 후 기업가치는 기존의 평가가치 8억 원에 신규 유입된 현금 2억 원의 가치를 합쳐 10억 원으로 평가된다.

이제 금강바이오의 총 주식 수는 12,500주가 되었다. 이 중에 금창업 대표가 9,000주를 가지고 있다. 지분율로 보면 금대표의 지분율은 90%에서 72%로, 강기업의 지분율은 10%에서 8%로 줄어들었다. 새로운 주식을 발행하면 전체 주식수가 증가하는데, 기존주주가 가진 주식 수는 변화가 없으므로 기존주주 지분율이 낮아지는 것(지분율 희석)이다. 그 대신 회사에는 2억 원이 유입되어 회사의 운영에 사용할 수 있게 되었다. 이 돈은 회사 법인인 금강바이오의 돈으로서, 금대표의 돈이 아님에 유의하자.

아직 아무 것도 확신할 수 없는 초기에 투자를 하는 것은 매우 위험한 일이기에 이 단계에서 투자를 하는 투자자를 마치 천사와 같다고 해 엔젤투자자란 이름으로 부르곤 한다. 과거의 천사들은 주로 가족, 친지, 친구였으나, 이제는 VC들도 극초기의 회사에 투자한다.

2억 원을 조달받은 금강바이오는 이 돈을 바탕으로 우수한 인력을 더 고용하고, 전산장비 등에 대한 투자를 하면서 더욱 기술을 갈고 닦았다. 병원과 연계해 일부 환자들의 유전자 검사를 통해서 실제 의사들의 검사를 돕는 유의미한 결과를 만들 수 있었다.

추가 자금조달

이제 실제 환자들을 접하고 데이터를 얻는 단계까지 왔다. 본격적으로 비용이 발생하게 되었기에 더욱 많은 자금이 필요했다. 다행히 금강바이오는 주목받고 있는 기업으로서 신문기사와 언론에 상당히 알려져 있었다.

지놈벤처스라는 VC에서 지분투자를 하고 싶다는 연락이 왔다. 지놈벤처스는 회사의 가치를 90억 원으로 평가하고 지분 10%를 취득하고 싶어 했다. 금강바이오는 1,400주를 추가로 발행해 지놈벤처스에게 넘기고 10억 원을 투자받았다.[10]

금강바이오

자산	부채

금창업 9,000만 원
강기업 1,000만 원

자본
금 65% (9,000주)
강 7% (1,000주)
바 18% (2,500주)
지 10% (1,400주)

바이오엔젤
2억 원

지놈벤처스 10억 원
Series A
기업가치를 90억 원으로 평가함.
지놈벤처스는 10% 지분을 10억 원에 매입.

주주(투자자)	지분비율	주식수	투자금액	평가가치
금창업	65%	9,000	9,000만 원	65억 원
강기업	7%	1,000	1,000만 원	7억 원
바이오엔젤	18%	2,500	2억 원	18억 원
지놈벤처스	10%	1,400	10억 원	10억 원
합계	100%	13,900	13억 원	100억 원

지놈벤처스 투자 후 출자 지분

바이오엔젤의 경우 과거 2억 원을 투자하여 20%의 지분을 획득했으나, 지놈벤처스는 10억 원을 투자하여 10%의 지분을 얻었다. 훨씬 많은 돈을 투자하고도 적은 지분을 얻은 것이다. 왜 그럴까? 그 사이에 회사의 사업 성공 가능성이 높아졌기 때문이다. 그렇기 때문에 회사의 주인에게 지분을 팔라고 하면 더 비싼 값에 팔려고 할 것이다. 사는 사람도 비싼 값을 지

10 신규주식수/(기존주식수+신규주식수)=10%에서 기존주식수는 12,500이므로 신규주식수는 1,400주가 된다. 정확하게는 1,389주이나 계산의 편의를 위해 반올림했다.

11 금강바이오의 경우는 지분투자를 유치할 때 신주를 발행하여 제공했으므로 회사에 자금은 유입되었으나 창업자가 지분투자 유치로 돈을 벌지는 못했다. 창업자가 가지고 있던 주식을 매각하는 경우에는 (구주매각) 자신의 몫인 주식을 개인적으로 매도하는 것이므로 창업자의 개인적인 돈이 된다.

불하고서라도 사고자 할 것이다. 즉 기업가치가 높아진 것이다. 그 결과 보다 적은 지분을 사면서 더 많은 돈을 내야 하는 것이다.

이 돈은 창업자들에게 직접 돌아가지 않는다. 자신의 지분을 판 것이 아니라, 회사에서 주식을 추가로 발행해 VC에게 주고, 그 대가를 받았기 때문이다. 즉 신주발행을 통해 들어온 돈은 회사의 돈이다.[11] 다만 금 대표의 경우 회사의 가치를 100억 원이라고 하면 이 중에 65%의 지분을 가지고 있으니 65억 원만큼 가치를 평가받는 유가증권인 주식을 가지고 있는 것일 뿐이다. 이 지분을 다른 누군가에게 팔게 되면, 금대표의 돈이 된다. 그렇다고 해서 창업자가 지분을 함부로 파는 것도 곤란한 일이다. 주식의 수만큼 의결권이 있기 때문에 주식을 다 팔아 버리면 회사에 대해 아무런 영향력을 행사할 수가 없다. 즉, 회사의 의사결정에 전혀 참여할 수 없는 것이다.

사업을 하다보면 이렇게 몇 차례의 투자를 받게 된다. 그 과정에서 처음 주식을 가졌던 주주의 지분은 점점 줄어든다. 2번의 외부투자 유치의 결과 금창업의 지분율은 90%에서 65%로, 강기업의 지분율은 10%에서 7%로 줄어들었다. 우유에 물을 타면 묽어지듯이 기존 주주의 지분이 줄어들기 때문에 지분이 희석된다는 표현을 사용한다.

외부투자도 여러 번 받는데 각 차례마다 Series A, Series B, Series C 식으로 부른다. 투자자가 IPO나 M&A로 엑시트exit할 때까지 투자 유치가 이어지는 경우 Series D, E, F로 투자 라운드가 계속 이어진다. 참고로 상장을 추진하는 시점 직전에 하는 투자유치를 프리 IPOPre-IPO라고 한다. 상장까지는 통상 1~2년의 시간이 소요되므로 그 기간 동안 이용할 자금을 확보하기 위해 시행하곤 한다.

세계적으로 가장 유명한 VC는 1972년 미국 실리콘밸리에서 돈 발렌타인Don Valentine이 설립한 세콰이어 캐피탈Sequoia Capital이다. 1978년에 애플, 1983년에 오라클, 1995년에 야후, 1997년에 엔비디아, 1999년에 페이팔과 구글에 투자했다. 이 외에도 에어비앤비, 유튜브 등 이제 너무도 유명해진 서비스와 기업에 일찌감치 투자를 해 큰 성공을 거두었고, 쿠팡, 컬리, 토스와 같은 국내 기업에도 투자하고 있다. 일론 머스크와 함께 페이팔을 설립한 피터 틸 역시 유명한 VC로서, 페이스북, 링크드인과 같은 기업에 초기 투자해 큰 성과를 내었다.

실리콘밸리가 혁신적인 기술로 세계를 선도할 수 있었던 배경에는 이미 사업적으로 성공한 창업자들이 직접 VC가 되어 초기 자본을 투자하고, 새로운 창업자들에게 멘토가 되어 주는 선순환 구조가 있었다.

국내에서도 스타트업을 활성화하기 위해 정부와 지자체가 창업센터를 설치해 스타트업 설립과 운영을 돕고 있다. 한국벤처투자라는 조직에서는 정부의 자금을 벤처 투자를 운용하는 회사들에 투자해 각 벤처캐피탈들이 다양한 초기 기업들에 투자하도록 해 창업을 돕고 있다. 정부의 자금을 모은 펀드를 모태 펀드라고 하며, 국내 스타트업 투자의 주요한 재원이 된다. 이 외에도 벤처 창업으로 성공한 이들이 운영하는 펀드들이 적극적으로 기술 창업 기업에 투자하고 조언을 주고 있다. 장병규의 본엔젤스파트너스, 이한주의 스파크랩, 이택경의 매쉬업엔젤스, 송병준의 크릿벤처스 등이 있다. 과거 우리가 미국의 실리콘밸리를 보면서 그토록 부러워하던 성공한 선배 기업인들이 후배들을 이끄는 선순환적인 생태계가 조성되고 있

는 것이다. 그 결과 1990년대 말~2000년대 제1벤처붐에 이어 2020년
부터 제2벤처붐이라 불릴 만큼 벤처 창업과 벤처 투자가 활발하게 이루어
졌다.

엑시트Exit

금강바이오는 처음 외부 투자를 모집할 때 신주를 발행하여 외부주주
에게 2억 원을 투자받았다. 그 다음 단계에서는 10억 원을 투자받았다. 이
자금은 회사의 돈이지 창업자의 돈은 아니다. 창업자는 회사에서 받는 급
여로 돈을 벌 수 있다. 그렇지만 창업자가 크게 성공할 수 있는 방법은 크
게 2가지 방법이 있다. 다른 기업에 지분을 매각하거나 주식시장에 상장하
는 것이다. 이 과정을 통해 투자자들은 투자한 자금을 회수하고, 창업자는
자기 사업에 대해 성과를 거둔다. 창업자나 초기투자자가 M&A[12]나 상장
을 통해 지분을 정리하는 것을 '엑시트'라고 한다.

예를 들어 독일의 배달 업체인 딜리버리히어로는 2019년 '배달의 민
족'을 운영하던 '㈜우아한형제들'의 기업 가치를 약 4조 8,000억 원으로
평가하고, 투자자들의 지분 87%를 약 4조원에 매입했다. 지분을 가지고
있던 투자자들은 막대한 투자 성과를 올리게 되었다. 창업자인 김봉진 대
표는 약 13%의 지분을 가지고 있었는데, 그는 현금 대신 그 만큼에 해당

---

12 인수·합병(M&A)은 지분을 다른 회사에 팔아 경영권을 넘기는 것이다. 합병(Merger)은 두개 이상의 회사를
하나의 회사로 합치는 것을 말한다. 2015년 제일모직과 삼성물산이 합병해 삼성물산이 남은 것처럼 다른
회사의 법인격은 소멸한다. 인수(Acquisition)는 지분을 매입하되 기존 회사의 법인격은 유지하고 지분인수
자가 경영권을 행사한다. 2012년 SK텔레콤이 하이닉스를 인수했는데 하이닉스는 SK텔레콤에 합쳐지지
않고 여전히 SK하이닉스라는 회사로 존재한다.

하는 딜리버리히어로의 지분을 받았다.

시기	투자단계	투자자	투자받은 돈	기업가치
2011년 3월	법인설립			
2011년 7월	엔젤투자	본엔젤스	3억 원	
2012년 2월	시리즈A	IMM, 스톤브릿지, 알토스	20억 원	80억 원
2014년 3월	시리즈B	IMM, 스톤브릿지, 알토스	120억 원	500억 원
2014년 11월	시리즈C	골드만삭스, 알토스 등	400억 원	
2016년 4월	시리즈D	힐하우스, 알토스 등	570억 원	3,500억 원
2017년 10월	시리즈E	네이버	340억 원	1조 원 돌파
2018년12월	시리즈F	힐하우스, 세콰이어, 싱가포르투자청	3,600억 원	3조 원 돌파
2019년 12월	엑시트	딜리버리히어로에 매각		4조 7,500억 원

우아한 형제들 투자유치와 엑시트

출처: 벤처캐피털, 그들이 돈을 버는 방법, 매일경제, 2020.07.13.

한국인들이 가장 많은 시간 사용하는 앱인 유튜브도 구글이 제공하는 서비스이지만 애초에 구글이 만들었던 것이 아니라 외부에서 사온 것이다. 유튜브는 2005년 2월 채드 헐리, 스티브 천, 자베드 카림이 설립했다.

구글은 유튜브의 잠재력을 알아보고 2006년 10월에 16억 5,000만 달러에 유튜브를 인수했다. 인수방법은 주식교환방식으로 이루어져 유튜브의 창업자들은 유튜브의 주식을 모두 구글에 주고, 현금 대신 구글의 주식을 받았다. 채드 헐리는 구글 주식 69만 4,087주를 받았는데 당시 구글 주가로 환산하면 3억 2,600만 달러에 달한다. 공동창업자인 스티브 챈도 62만 5,366주를 받았고, 유튜브 최대주주인 세콰이어 캐피탈도 4억 4,200만 달러 상당의 구글 주식을 받았다. [13]

특정한 사람이나 기업이 아닌 다수 대중에게 공개적으로 주식을 파는 방법도 있다. 이를 위해서는 주식시장에 '상장'이라는 과정을 거쳐야 하는데 흔히 IPOInitial Public Offering라고 한다. 회사의 주식을 누구나 살 수 있게 하는 주식시장에서 파는 것이다. 보통 상장을 하는 경우는 기업이 성장하고 성과가 좋을 때이므로 주식을 사려는 사람이 많아 주식이 높은 가격에 거래된다. 주식 시장에서 창업자나 초기 투자자가 보유하고 있던 주식을 팔면 그것은 매도하는 자신의 돈이 된다. 당장 주식을 팔아서 바로 현금화하지 않더라도 '주식의 수×주식의 가격'만큼 부를 소유한 셈이 된다.

페이스북은 2012년 5월 18일 미국의 나스닥 시장에 상장을 했다. 창업자인 마크 저커버그는 28.2%의 지분을 가지고 있었는데 상장일에 일부를 팔아서 12억 달러를 손에 쥐게 되었다. 최고운영책임자COO, Chief Operating Officer 셰릴 샌드버그도 약 190만 주의 주식을 가지고 있었는데, 약 8,200만 달러의 부를 소유한 셈이었다. 회사의 주식을 가지고 있던 많은 이들이 거액의 부를 가지게 되었다.

이처럼 스타트업의 일부는 놀라운 투자성과를 보여 많은 사람들을 돈방석에 앉게 한다. 그러나 스타트업이 M&A나 IPO까지 성공할 확률은 극히 낮음에 유의해야 한다. 국내에서 연간 약 1만 개의 스타트업이 만들어지는 것으로 파악되는데 2015년~2020년 연평균 신규 상장 기업 수는 약 70개이니, 이들이 모두 스타트업에서 출발했다고 가정하더라도 대략 0.7%만의 기업이 IPO를 통한 엑시트에 성공하는 것이다.

13 유튜브 3인방 6,500억 원 '돈방석', 중앙일보 2007.02.09.

3장

상장회사는 무엇인가

우리는 삼성전자를 비롯한 다양한 국내 주식에 투자를 한다. 이제는 국경을 넘어 미국의 애플, 아마존, 마이크로소프트, 테슬라 또는 중국의 텐센트, 구이저우 마오타이 등 해외의 주식에도 쉽게 투자한다.

이렇게 회사의 주식을 거래할 수 있는 이유는 그 주식이 주식시장에 '상장'되었기 때문이다. 즉, 우리가 쉽게 살 수 있는 주식은 주식시장에 상장된 주식이다. 상장되지 않은 주식은 비상장주식이라고 한다. '상장 上場, listing'의 의미에 대해서 알아보며 이번 장을 시작해보자.

주식시장은 주식 백화점이다

물건을 사고파는 시장이 있듯이, 주식을 사고파는 주식시장이 있다. 주식시장은 쉽게 주식백화점이라고 생각하면 된다. 우리는 그 백화점을 거래소라고 한다. 한국에는 KRX^{Korea Exchange}라고 불리는 한국거래소가 있는데 유가증권시장^{KOSPI}, 코스닥^{KOSDAQ}시장으로 나뉘어 있다. 미국에는 NYSE^{뉴욕증권거래소, New York Stock Exchange}, 나스닥^{NASDAQ}이라고 하는 주식백화점이 있다.

백화점에는 아무 상품이나 입점할 수 있는 것이 아니다. 백화점의 검증을 거친 브랜드만이 입점을 할 수 있다. 백화점의 위상에 비해 브랜드의 이미지가 떨어지거나 제품의 품질이 미치지 못하는 경우에는 매장을 내주지 않는다. 그리고 입점 했더라도 이후 이미지나 품질, 성과가 떨어지면 백화점에서 퇴점을 시키기도 한다. 백화점에서 팔리는 브랜드들이 백화점의 이미지와 신뢰도를 결정하기 때문이다. 이처럼 고급 백화점 매장에 입점한 브랜드들은 상당히 품질을 검증받고 백화점의 관리를 받은 브랜드들이다. 그래서 소비자들은 백화점에서 물건을 살 때 품질에 대해 어느 정도 신뢰를 하고 구매를 한다.

주식거래소, 즉 주식시장에서 거래되는 주식들도 마찬가지다. 세상에 수많은 주식회사 주식이 있지만 모두 주식거래소에서 자유롭게 거래되는 것은 아니다. 주식거래소가 사업의 내용이나 수익성 등 여러 측면을 검토하여 적정하다고 판단하는 경우에만 주식시장에서 그 회사의 주식을 누구나 자유롭게 서로 사고 팔 수 있게 허락을 한다. 즉 상장심사를 거쳐서 합격을 해야 되는 것이다.

이렇게 어떤 회사의 주식이 주식시장에서 자유롭게 거래될 수 있게 시스템에 포함되는 것을 상장이라고 하고, 그러한 주식을 상장주식

listed stock, 회사를 상장회사listed company라고 한다.[1] 우리가 상장회사라고 하면 괜찮은 회사로 인식하는데 그것은 거래소의 검증을 받아 통과할만하고, 여전히 시장에 남아있을 만큼 회사의 규모나 운영 상황이 적정하다고 생각하기 때문이다.

주식시장은 하나만 존재하는 것은 아니다. 모든 물건이 백화점에서 팔릴 필요는 없는 것처럼 각자 상황에 맞게 필요한 시장이 있기 마련이다. 고급 백화점에 입점하고 싶은 브랜드도 있고, 마트에 입점하고 싶은 브랜드도 있는 것과 마찬가지다. 국내에는 유가증권시장, 코스닥, 코넥스시장이 존재해 상장심사와 계속되는 관리, 감독을 받는 수준을 선택할 수 있게 했다. 주로 유가증권시장은 중대형 우량기업, 코스닥시장은 중소벤처 및 성장기업, 코넥스시장은 창업초기 중소벤처기업 위주로 특화해 시장을 구분하고 있다.

그렇다면 상장되지 않은 주식은 어떻게 거래할 수 있을까?

거래를 할 수 있기는 하지만 일반적인 거래소를 통한 것처럼 쉽게 사고팔 수는 없다. 주식을 가진 사람과 직접 접촉해야 한다. 과거에는 증권사를 통해서 거래를 원하는 사람을 찾았기에 시간과 비용이 많이 소요되었는데, 근래에는 비상장 주식을 거래하는 사람들을 이어주는 인터넷 서비스들이 등장해 사고자 하는 사람과 팔고자 하는 사람이 보다 쉽게 이어질 수

---

1 주식증권의 상장에 대해서 설명했는데 채권 역시 한국거래소 채권시장에 상장되어 거래될 수 있다. 유가증권을 상장한다는 의미는 기업들이 발행한 유가증권에 대해 거래소가 개설하는 시장(유가증권시장, 코스닥시장, 코넥스시장, 채권시장 등)에서 매매 거래를 할 수 있도록 자격을 부여하는 것을 말한다. 거래 자격을 부여받은 유가증권은 상장유가증권이라고 한다.

있게 되었다.

비상장 주식을 거래하는 시장을 장외주식시장이라고 한다. 국내 제도권 장외주식시장은 K-OTC라 불리는 시장이 존재하며 2020년 K-OTC 연간 거래대금은 역대 최대 규모인 1조 3,000억 원 정도였다. 이외의 비상장 주식 거래는 거래 당사자 개인끼리 서로 사고파는 것이다.

평범한 사람들에게 상장주식의 의미

주식회사의 상장을 회사의 입장에서만 보면, 외부에서 자금을 끌어 모아 투자와 운영에 활용하는 것 뿐 개인들에게는 의미가 없다고 생각할 수도 있다. 그러나 상장이라는 제도는 개인들에게도 큰 기회가 될 수 있다. 누구나 거래를 할 수 있는 열린 주식시장이라는 제도가 있기에 누구나 자본가가 될 수 있는 것이다.

이전에는 돈이 있다 해도 투자에 참여하기가 쉽지도 않았을 뿐더러 종종 권력이나 연줄이 있어야 했다. 주식회사 제도가 발전한 이후에도 거래소에 상장을 하지 않으면 주식을 가진 사람을 찾아 거래를 제안하고 승낙을 받는 힘들고 번거로운 과정을 거쳐 주식을 사야 했다. 특히 이런 번거로운 과정을 거치는데 1만 원, 10만 원과 같은 소액을 투자하겠다고 하면 거래 상대방이 응하지 않을 것이다.

그런데 상장, 즉 기업공개를 하게 되면 사고자 하는 사람들의 정보와, 팔고자 하는 사람들의 정보가 거래소에서 취합되어 손쉽게 거래가 이루어지게 된다. 투자자는 자기 형편에 맞게 주식을 매입하거나 매도할 수 있다. 노동자 역시 생산수단인 기업을 소유할 수 있는 투자 기회를 열어준 것으로 회사의 성과를 공유할 수 있게 된 것이다. 역사적으로 생산수단을 소유한 자본가와 노동력을 제공하는 노동자는 대립적인 관계로 여겨졌으나, 주식회사의 발전으로 둘 사이의 경계가 상당부분 무너졌다. 이제 누구나 수많은 회사의 주식들을 쉽게 사서 보유해 기업과 함께 성장할 수 있게 되었다. 실로 놀라운 일이다.

참고: 유한양행의 상장 사례

오랜 기간 윤리경영으로 좋은 평가를 받고 있는 유한양행은 외부자금조달이 필요한 상황이 아니었지만, 설립자인 유일한 회장의 뜻으로 회사의 부를 널리 나누기 위해 상장을 했다.

유일한 회장은 1904년 9살의 나이로 미국에 보내져 유학을 하고 사업을 하다가, 조선 사람들의 참담한 경제상황과 열악한 의료환경을 목격하고 이를 개선하고자 1926년 유한양행을 설립했다. 유한양행은 해외 약품 수입 및 한국인에 필요한 약품을 제조하며 꾸준히 성장했다. 1936년, 유일한 사장은 회사를 주식회사로 전환했는데, 이 과정에서 자신이 소유한 주식의 52%를 사원들에게 무상으로 나누어 주었다. 그 결과 유일한 사장을 포함한 종업원 77명 가운데 24명이 주주가 되었다.

1962년 유일한 회장은 유한양행의 주식을 공개하겠다고 했다. 임직원들은 반대했다. 당시 한국은 자본시장이 발달하지도 않아 기업공개를 하는 기업이 거의 없었고 외부자금 조달도 필요가 없는 상황이었기 때문이다. 그러나 유일한 회장의 의지로 제약업계 최초로 주식시장에 상장을 했다.

주식을 공개할 때에도 실제 기업의 가치보다 낮게 공개했다. 투자자들에게 비싸게 팔 수 없다는 이유였다. 사실 이러한 의사결정은 기존 주주들에게는 손해가 되고, 회사 입장에서도 손해가 되는 일이지만 보다 많은 사람이 참여해야 회사 발전에 도움이 되고 국가발전에도 도움이 된다는 유일한 회장의 뜻에 따른 것이었다.

상장의 결과 누구나 유한양행의 주식을 살 수 있게 되었고, 2021년 기준으로 유한양행은 국내 최장인 68년 연속 흑자 기업의 기록을 가지고 많은 부를 투자자인 주주에게 돌려주었다.

2021년 5월 20일 조선일보 기사에 의하면, 유한양행 상장 첫해인 1962년에 100만 원을 투자해 333주를 매수했다면 무상증자 등으로 주식수가 변동해 현재 1만 8,800주가 된다. 2021년 5월 18일 유한양행 종가(6만 4,400원)를 곱해주면 그 가치가 12억 원 정도가 된다. 유한양행은 설립 이후 한해도 빠짐없이 흑자를 기록하며 배당금을 지급했는데, 배당금을 합치면 누적 수익률은 더 커진다.[2]

기업공개, 즉 상장을 통해 기업의 성과에 따른 과실을 평범한 투자자들도 나누어 가진 것이다. 이와 같은 성과 공유는 주식투자를 장기적 관점에서 접근할 때 가능하다. 주식투자는 정해진 판돈을 나누는 도박이 아니라 농사를 지어 더 많은 수확물을 생산하는 것처럼 생각할 필요가 있다.

2 1962년 유한양행 상장때 100만 원 투자했다면… 지금은 얼마? 조선일보, 2021.05.20.

최초상장, IPO, 최초기업공개

IPO는 Initial Public Offering의 줄임말이다. Public Offering은 다수의 일반 투자자들에게 공개적으로 주식과 같은 유가증권을 발행하는 '공모公募'를 의미하는데 IPO는 여기에 최초라는 의미의 Initial이 붙어 최초 기업공개企業公開, Going Public를 의미한다. 기업이 처음으로 주식을 일반 대중 투자자에게 공개 매도하는 것으로 이해하면 된다.[3] 참고로 SEOSeasoned Equity Offering은 이미 주식시장에 상장된 회사가 추가로 주식을 공개적으로 발행하는 것을 의미한다.

상장을 통해 기존 개인이나 소수의 주주로 구성되었던 기업사적기업, Private Company, 폐쇄기업, Closed Company이 다수 대중이 소유하는 기업이 된다. 누구나 이 회사의 주식을 살 수 있게 되었으므로 상장회사를 공개기업Public Company이라고도 한다.

기업공개를 통해 회사의 주식을 대중에게 매각할 때는, 이미 발행되어 기존 주주들이 가진 지분을 주식 시장에서 공개적으로 매각하는 구주舊株 매출과 새로운 주식을 추가로 발행해 신주新株를 파는 방식이 있다. 둘을 혼합할 수도 있다.

기업이 상장 심사를 통과하는 것은 그만큼 사업에서 성공을 거두었기에 가능한 것이다. 따라서 대부분 기업 가치가 과거 투자자들이 투자하던 시

---

3 엄밀한 의미에서 기업공개(Going Public)는 상장(listing)과 구분된다. 한국거래소에서는 기업공개에 대해 "기업공개는 기업이 공모(모집 또는 매출)를 통해 발행주식을 분산시키고 재무내용 등 기업의 실체를 정기적(연1회)으로 공시한다는 점에서 상장과 유사하지만 거래는 거래소시장이 아닌 장외에서 이루어진다는 점에서 상장과는 차이가 있습니다"라고 설명하고 있다(2018 유가증권시장 상장심사 가이드북. 한국거래소).

점에 비해 높게 평가받는다. 이전부터 회사 주식을 가지고 있는 주주(구주주)들은 주식시장에서 주식을 과거 매입했던 가격보다 높은 가격에 매도해 투자금을 수익과 함께 회수할 수 있게 된다. 회사가 신규로 주식을 발행해 매도하는 경우에는 그만큼의 외부자금이 회사 내부로 유입되어 자본이 증가한다.

회사가 상장을 하는 경우, 새로운 투자자들은 기존 투자자들이 실제보다 기업가치를 부풀려 높은 가격에 주식을 넘겨 자신들만 이익을 보는 것은 아닌지 의심할 수 있다. 또한 기존 투자자들이 상장 후 차익 실현을 위해 과도하게 주식을 매도해 주가하락을 유발하지는 않을지 염려할 수 있다. 이러한 염려를 덜기 위해 기존 주주들이 일정 기간 동안에는 기존에 보유한 주식을 팔지 않겠다는 약속인 보호예수를 체결하기도 한다.

기업	모집내용	최대주주 보호예수
○○글로벌	신주 100%	2년(29.35%)
◇◇◇소프트	신주 90%, 구주 10% → 신주 100%	3년(33.31%)
◎◎케미칼	신주 84%, 구주 16%	2년(29.19%)

IPO 보호예수 예시

우리나라 상장사와 IPO 현황

  우리나라의 주식시장은 크게 유가증권시장(코스피시장)과 코스닥시장으로 구분할 수 있다. 코넥스시장도 있지만 아직 규모는 작다. 유가증권시장에는 2021년말 기준으로 824개의 상장회사가 존재하며, 코스닥시장에는 1,532개의 상장회사가 존재한다. 모든 상장회사들의 지분가치를 합한 시가총액은 유가증권시장이 2,649조 원, 코스닥시장은 446조 원이다. 유가증권시장의 상장사 수가 훨씬 적지만 규모가 큰 회사들이 많기 때문에 시가총액이 코스닥시장의 6배 정도에 달한다.

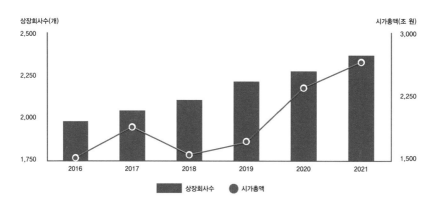

		2015년	2016년	2017년	2018년	2019년	2020년	2021년
상장회사수 (개)	유가증권시장	770	779	774	788	799	800	824
	코스닥시장	1,152	1,208	1,266	1,323	1,405	1,468	1,532
	합계	1,922	1,987	2,040	2,111	2,204	2,268	2,356
시가총액 (조 원)	유가증권시장	1,243	1,308	1,606	1,344	1,476	1,980	2,203
	코스닥시장	202	202	283	228	241	385	446
	합계	1,445	1,510	1,889	1,572	1,717	2,365	2,649

상장회사수 및 시가총액 추이
출처: 한국거래소.

참고로 세계 최대의 증권거래소인 미국 NYSE의 경우 2018년 및 2019년 각각 1,775 및 1,879개의 자국 기업이 상장되어 있었으나 2020년 상장회사수가 급증해 2,363개가 되었다가 2021년에는 1,925개가 되었다. 나스닥의 경우 2018년 2,622개, 2019년 2,684개, 2020년 2,790개, 2021년 2,880개의 자국 기업이 상장되어 거래되었다. 이 외에 각 시장에 약 1/3 정도 수에 해당하는 해외기업들도 상장되어 있다. 포스코, 한국전력공사, SK텔레콤, 신한 금융지주 등의 기업들도 국내 주식시장 및 미국 NYSE에 동시상장 되어 있다.

자국기업 상장사 시가총액은 2022년 6월말을 기준으로 NYSE는 약 25조 달러, 나스닥은 17조 달러에 달한다. 참고로 세계 최대의 시가총액을 기록했던 애플은 나스닥에 상장되어 있는데 2022년 6월말 기준 시가총액이 2.64조 달러에 달했다. 이 규모는 우리나라 주식시장 전체에 해당하는 엄청난 규모이다.

지난 5년 동안 평균적으로 유가증권시장의 상장사는 해마다 9개, 코스닥 시장의 상장사는 65개 정도 증가했다. 신규 상장사의 수는 주식시장의 활황 정도와 밀접한 관련이 있는데 유가증권시장의 경우 2020년에는 5개의 기업이 상장해 2조 1,000억 원을 공모한 반면, 주식시장이 활황이었던 2021년에는 무려 15개의 기업이 상장해 16조 4,000억 원이 넘는 금액을 조달했다. 코스닥의 경우에도 2021년 91개의 기업이 신규 등록되었고, 이들 기업은 3조 3,000억 원 가량을 조달했다. 이렇게 주식시장을 통해 조달한 자금으로 기업은 투자를 하고 성장할 수 있다.

구분		2015년	2016년	2017년	2018년	2019년	2020년	2021년
유가증권	건수	16	13	8	7	7	5	15
	공모금액총액(조 원)	2.40	4.26	4.45	0.71	0.92	2.11	16.46
	시가총액(조 원)	9.43	15.65	18.07	2.64	4.10	9.15	85.90
코스닥	건수	102	67	74	91	96	84	99
	공모금액총액(조 원)	2.12	2.20	3.53	2.07	2.56	2.59	3.58
	시가총액(조 원)	8.54	9.13	17.15	10.29	12.65	12.81	17.19

일반기업 공모현황 [4]

상장회사의 의무

상장을 한다는 것은 모든 사람들에게 주식을 공개해도 될 만큼 괜찮은 우량한 기업이라는 것을 거래소의 심사를 거쳐 인증 받았다는 것을 의미한다. 기업의 규모나 영업의 성과, 재무적인 안정성, 경영투명성, 기업지배구조 등이 상당한 수준에 이르렀다는 뜻이니 비상장회사일 때보다 투자자들이 긍정적으로 보고 기업의 인지도도 높아진다.

그 결과 일반적으로 기업의 가치를 더욱 높게 인정받는다. 기업 입장에서는 상장을 통해서 대규모의 자금을 회사에 안정적으로 조달해 투자를 함으로써 성장을 더 빠르게 할 수 있다. 기존 주주들 입장에서는 자신이 가지고 있던 주식을 시장에서 쉽게 현금화할 수 있어서 그동안 고생한 것에 대한 금전적 대가를 받을 수 있다.

그런데 상장회사가 되면 큰 자금을 모을 수 있는 장점이 있지만 주주를

---

4 시가총액은 공모가 기준. 신규상장기업 중 공모실적이 있는 회사 기준(상장유형 불문). 한국거래소 KIND.

비롯한 이해관계자가 많아지기 때문에 지켜야 할 규율들도 많고 법적인 책임도 증가한다. 특히 상장회사는 회사의 상황에 대해 대중에게 널리 제대로 알려야 할 의무인 공시책임을 져서 회사의 사업내용, 재무적인 상황, 영업의 실적 등을 공시하는 의무를 수행하고 주주총회를 개최하기 위해 상당한 시간과 비용을 지출한다.

상장회사는 기업의 재무상태와 경영성과를 보고하는 재무제표를 작성해서 공시하는데, 이 과정에서 외부감사인으로부터 재무제표를 제대로 작성했는지 감사를 받는 의무도 지닌다. 재무제표 작성은 기업이 스스로 성적표를 만드는 것과 마찬가지이니 그 내용의 신뢰도를 보장하는 방안으로 공인회계사에게 외부감사를 받는 것이다. 우리나라의 경우 사업보고서와 재무제표를 비롯한 각종 공시내역을 금융감독원이 서비스하는 전자공시시스템인 DART(http://dart.fss.or.kr)와 거래소가 운영하는 KIND(https://kind.krx.co.kr)에서 누구나 손쉽게 확인할 수 있다

법적인 규제 이외에도 신경 써야할 것들이 많다. 다양한 주주를 만족시키는 것도 그렇다. 상장으로 인해 주주의 수가 늘어나고 다양해지는데 주주마다 원하는 방향이 달라서 의사결정이 어려워진다. 그리고 재무분석가들이 투자자들을 돕기 위해 매 분기, 반기, 매년마다 기업의 실적에 대한 예상치를 내놓는데 경영자들에게는 상당한 부담이 된다. 실적이 기대치에 미치지 못하는 경우 경영자가 경영을 잘 못했기 때문이라는 평가로 인해 경영자의 자리에서 내려와야 할 수도 있고, 자신의 보상규모에도 나쁜 영향을 받기 때문이다. 게다가 매순간 주식의 가격이 변동하기 때문에 회사의 경영자는 실시간으로 평가를 받는 것처럼 압박을 받는다. 그로 인해 경

영자가 당장의 어려움을 견뎌내고 더 큰 성과를 추구하는 장기적인 목표를 따르기보다는 그때그때의 실적 목표만 채우려고 하는 단기성향이 강화되어 기업의 발전에 더 좋지 않을 수도 있다.

비상장회사

상장회사는 엄격한 상장 심사를 거친 기업들이기 때문에 비상장회사에 비해 수익성이 좋고 규모가 큰 경향이 있다. 그러나 비상장사라고 해서 모두 영세하거나 규모가 작은 회사는 아니다. 당장 상장을 해도 충분할 만큼 우량한 비상장 주식회사도 많다. 2021년 기준으로 자산총액이 1,000억 원 이상인 대형 비상장주식회사가 약 3,435개인 것으로 집계되었다.[5]

예를 들어, 우리나라 가락농수산물시장 도매법인들은 모두 비상장회사로서 중앙청과의 경우 태평양 그룹 일가, 서울청과는 고려제강 일가, 동화청과는 한일시멘트 회장 일가 등이 최종적으로 소유하고 있다. 근데 이들 기업들의 영업이익률은 20% 내외이다. 2016년 한국은행 기업 경영 분석에 따른 우리나라 도·소매업종 평균 영업 이익률이 2.81%라는 점을 고려하면 청과 도매법인들의 영업이익률이 매우 높은 편임을 알 수 있다.

---

5 금융감독원 보도자료, 2022.04.01.

도매법인	2015년	2016년	2017년	평균
중앙청과	21.25	22.04	21.60	21.63
서울청과	19.73	18.05	17.46	18.41
한국청과	14.51	18.07	17.14	16.57
동화청과	13.97	15.82	14.35	14.71

가락시장 주요 도매법인의 영업 이익률(%)

미국에서 가장 큰 비상장회사는 세계 4대 곡물 회사 중 하나인 카길 Cargill이다.[6] 카길은 전 세계 70여 개국에서 약 15만 5,000명을 고용하는 거대회사로서, 2021 회계연도 매출이 1,344억 달러, 순이익은 약 50억 달러에 달하지만, 지분은 창업자인 카길과 맥밀런Cargill-MacMillan 가문의 자손들 90여명이 약 88%를 소유한다.

요약하자면, 비상장회사는 필요를 느끼지 못해서 상장하지 않는 경우 와, 상장을 하고 싶으나 자격이 갖추어지지 못해 상장을 하지 못하는 경우 로 구분할 수 있다. 상장을 하지 않은 비상장 주식 역시 거래를 할 수는 있 다. 다만 주식시장과 같이 활성화된 시장이 존재하지 않기 때문에 주식을 팔 사람과 살 사람이 서로 상대방을 찾고 계약을 맺는 것이 쉽지 않을 뿐이 다. 근래에는 IT기술의 발달로 비상장 주식을 거래하는 플랫폼과 수단이

---

6 세계 4대 곡물 메이저 기업으로 미국의 아처 대니얼스 미들랜드(ADM; Archer Daniels Midland), 번지 (Bunge), 카길(Cargill)과 프랑스계 루이 드레퓌스 컴퍼니(LDC; Louis Dreyfus Company)가 있다. 이른바 'ABCD'로 일컬어지는 이들 기업들은 세계 곡물 시장의 80% 이상을 장악한 것으로 알려졌다. 카길과 루이 드레퓌스는 비상장 기업이다.

발달해 예전만큼의 어려움은 줄어들었다.

참고: **비상장화**Going Private

미국시장의 경우 1996년 8,090개에 달하던 상장사가 IPO감소와 함께 시장퇴출 및 M&A를 통해 계속 줄어들어 2014년에는 5,796개로 최소치를 기록했다가 2018년에는 4,397개 기업이 상장되어 있다. 왜 이렇게 줄어들었을까?

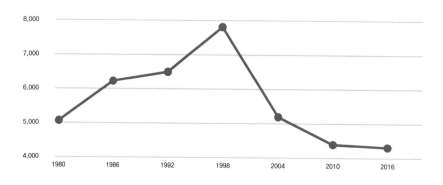

미국주식시장의 상장기업수
출처: TheGlobalEconomy.com.

기업을 공개하는 주된 이유는 자금 조달이라고 설명했다. 따라서 자금을 조달할 필요가 없는 기업이거나, 기업공개가 아닌 방법으로 필요한 자금을 조달할 수 있다면 기업공개를 하지 않고 계속 비공개기업으로 남아있는다. 굳이 상장을 해 회사의 수익을 나누어 가질 이유도 없으니 말이다.

또한 기업의 영업비밀 등이 중요한 경우도 있는데 공개기업이 되면 많은 것들을 밝혀야 해서 부담스러울 수도 있다. 경영자 입장에서도 비공개 기업의 경우 증권사 발표, 애널리스트 면담 등 주가부양을 위한 IR 활동 등에 투입되는 노력을 하지 않아도 되고, 장기적인 기업가치와 무관하게 배당과 자사주 매입을 요구하는 행동주의 펀드에 시달리는 불편을 줄일 수 있다.

상장회사에 대한 규제 부담 등으로 다수의 기업이 다시 비상장기업으로 돌아가기도 한다.[7] 공개했던 기업을 다시 비공개로 하는 경우, 즉 상장회사에서 비상장회사가 되는 것을 비상장화Going private이라고 한다. 미국 기업들의 비상장화가 늘어난 것은 2002년 도입된 Sarbanes-Oxley ActSOX라는 공개기업에 대한 강력한 규제 법안의 영향이 있다.

SOX법안의 배경에는 대형 기업들의 회계부정이 있었다. 수년간 가장 혁신적인 기업으로 선정되고 2000년 시가총액 800억 달러에 이르던 거대기업 엔론Enron이 회계부정으로 2001년 12월 파산보호 신청을 한데 이어 2002년 7월에는 대형 통신사업체인 월드컴WorldCom마저 회계부정으로 파산보호 신청을 했다. 한 때 62달러에 이르던 월드컴의 주가가 26센트까지 폭락하는 등 투자자들이 많은 손해를 입었다. 회계부정의 재발 방지를 위해 내부통제 강화와 경영자 책임을 강력하게 요구하는 SOX가 도입되었는데 이후 높아진 규제수준과 준수를 위한 비용으로 상장에 대한 매력이 감소해 기업 공개를 꺼리거나 공개기업들이 비상장기업으로 되돌아가는 경우들이 증가했다.

---

7 국내에서는 자발적으로 상장폐지를 하는 경우는 적고, 거래소의 상장 유지 조건을 충족하지 못해 상장폐지가 되는 경우가 더 많다.

특히 사적 자본시장의 발달은 비상장화를 더욱 용이하게 했다. 회사가 대규모자금을 조달하기 위해 굳이 상장을 하지 않아도 된 것이다. 벤처 캐피탈, 사모펀드, 국부펀드의 활발한 투자와 함께, 애플, 구글 등 인수합병을 많이 하는 기업들의 규모와 역할이 커져가면서 기업들이 굳이 IPO를 통해 공적시장에서 자금을 조달해야 하는 필요성이 줄어들었다. 상장을 하지 않고서도 막대한 자금을 투자받을 수 있는 환경이 조성된 것이다.

4장

주식회사의 역사, 모험

주식회사의 역사는 교역의 역사이자 모험의 역사다. 주식회사의 역사는 멀리 기원전 로마시대까지 거슬러 올라가기도 하나 우리는 지중해 무역의 중심지였던 베네치아부터 시작할 것이다. 그러면서 대항해 시대를 살펴보고, 주식 투기 광풍을 거쳐 회사법이 정리되어 주식회사의 체계가 자리를 잡는 과정을 알아보자.

지중해 무역: 많은 이윤을 남기는 해외 무역

지구의 자원은 고르게 분포해 있지 않다. 어느 곳에는 풍부한 수산물이 나오는가 하면, 어느 곳에는 곡식이 풍부하게 나온다. 금, 은, 석유와 같은 천연자원뿐만 아니라 인력도 불균등하게 분포되어 있다. 풍부한 곳에서는 버려지거나 하찮게 취급되는 자원들이, 부족한 곳에서는 귀한 대접을 받기도 한다. 따라서 서로 필요한 것들을 바꾸면 만족도가 더욱 높아지고, 자원도 더욱 가치 있게 사용될 수 있다. 교역 자체가 가치를 창출하는 것이다. 교역을 통해서 사회는 더욱 번영을 하게 되었고, 교역의 중심지는 많은 부를 끌어 모으게 되었다.

과거 대표적인 교역의 중심지 중 한 곳이 현재 이탈리아의 베네치아다. 주된 교역품은 향신료였다. 중세 유럽에서 향신료는 특히 무척 비싸고 귀한 물품이었다. 주로 인도와 동남아시아에서 생산된 향신료는 먼저 배에 실려 아라비아 반도의 동쪽 페르시아만이나 서쪽 홍해를 거쳐 운송되었다. 물품이 육지에 닿으면 상인들이 낙타에 짐을 싣고 길게 줄을 이루어 육로를 통해 현재 터키의 이스탄불(콘스탄티노폴리스, 비잔티움)이나, 시리아의 베이루트, 이집트의 알렉산드리아로 운송했다.

베네치아 공화국은 이들 도시에 도착한 교역품을 유럽 전역에 운송하는 집산지 역할을 했다. 베네치아가 중심이 된 것은 지중해를 끼고 있어 교역에 유리했기 때문이다. 지중해는 이름처럼 육지로 둘러싸인 호수와 같은 잔잔한 바다여서 많은 물품을 배로 쉽게 운반할 수 있었다. 콘스탄티노폴리스, 베이루트, 알렉산드리아는 모두 지중해와 이어지는 항구도시였기 때문에 베네치아와 바로 연결될 수 있었다.

베네치아는 향신료 수송을 전담하는 갤리 선단을 창설해 운영했다. 당시 지중해에서 특정 상품의 수송을 전담하는 정기 선단 제도를 운영한 것은 베네치아가 거의 유일했다. 베네치아에서는 항구도시들에 정기적으로 선단을 보내 동방의 향신료를 대량으로 매입했고 도매시장의 역할을 맡아 유럽의 각지에 향신료를 유통했다.[1] 8세기부터 15세기까지 베네치아 공화국과 인근의 공화국들은 당시 유럽에서 매우 귀한 물품인 향신료 무역의 거점으로서 번영을 누렸다.

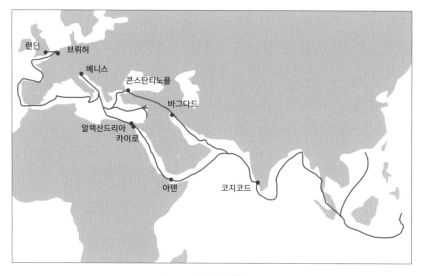

중세시대 향신료 무역로

동양에서 오는 향신료와 비단과 같은 상품은 값이 매우 비쌌기 때문에 안전하게 운송하는 데에 성공한다면 많은 부를 얻을 수 있었지만 그만큼 위험한 일이기도 했다. 향신료 무역은 홍해와 페르시아만에 도착해 육로를 거쳐 알렉산드리아와 베이루트, 콘스탄티노폴리스까지 가는 길을 제외하고는 대부분 해로를 통해 이루어졌다.

---

1 1395년 베네치아 향신료 무역, 남종국, 2013, 동국사학 54집.

바닷길을 통하면 배를 이용해서 먼 곳의 상품을 대량으로 운송할 수 있는 장점이 있지만, 배를 만드는 기술이나 항해기술, 기상예측 등이 부족해 언제라도 사고가 날 수 있었다. 해상의 치안도 안전하지 않아 해적이 습격할 위험도 존재했다. 그리고 항해를 위해서 배와 선원, 상품을 준비해야 하므로 많은 초기 투자금이 필요했다. 따라서 처음에는 소수의 부유한 가문이나 왕실을 배경으로 가진 상인들이 항해에 투자할 수 있었다. 무역으로 인한 이익도 이들에게 속할 수밖에 없었다.

어떻게 하면 자본 규모가 작은 이들도 무역에 뛰어들어서 부를 이룰 수 있을까. 상인들은 여럿이 공동으로 투자를 해 개개인의 투자금을 줄이는 한편 위험을 분산하는 방법을 고안해냈는데 베네치아와 같은 무역이 발달한 해상 공화국들에서 코멘다commenda라는 사업 형태가 발전하게 되었다

코멘다는 투자자와 항해자들의 계약이었다. 도시에 사는 여러 계층의 사람들이 투자자가 되어 자금을 대면, 항해자는 이 종자돈으로 상선을 꾸려 항해를 했다. 성공하면 가져온 향신료와 같은 물품을 정산해 투자자와 항해자가 나누어 가졌다. 난파나 상선 나포 등으로 항해에 실패하는 경우 돈은 투자했으나 받을 물품이 없으므로, 투자자는 자신이 투자한 금액만큼 손실을 본다. 항해자는 금액으로 투자를 한 것은 아니지만 어려운 항해를 하고 나서도 대가를 받을 것이 없으니 실패에 대한 기회비용이 존재한다. 자본투자자와 경영자가 분리된 형태인 것이다. 코멘다의 종류에 따라서는 항해자도 일부 자금을 대고 손실을 공유하는 대신 이익금을 더 가져가는 형태도 있었다.

코멘다는 불확실한 교역 프로젝트를 수행하기 위해 여러 사람에게 자금

을 모으는 투자계약으로서, 한번의 출항과 회항의 1회적 프로젝트 성격을 가지고 있다. 항해에 성공해 무사히 물품을 가져오면 이를 투자자에게 배분한 뒤 해산하고 실패하면 실패하는대로 해산한다.

오늘날 인터넷을 기반으로 하는 크라우드 펀딩도 코멘다와 유사한 형태의 계약으로 볼 수 있다. 크라우드 펀딩Crowd funding 혹은 Crowd financing, Crowd-sourced fundraising은 여러 대중이 프로젝트에 돈을 댄다. 아이디어는 있는데 자금이 부족한 사람들이 자신이 하고자 하는 프로젝트를 인터넷에 공개하고 목표금액과 모금기간을 정한다. 그러면 그 프로젝트를 보고 참여하고자 하는 익명의 다수crowd가 투자를 한다.

프로젝트에 성공하면 투자자에게 결과물을 돌려준다. 예를 들어 커져가는 스마트폰에 불만을 가진 사람들을 위해서 초소형 스마트폰을 만든다든지, 작은 사물을 정밀 촬영할 수 있는 장비 등 아이디어에 공감한 투자자들이 투자를 하고 제품을 받는다. 경우에 따라서는 실패할 수도 있다. 코멘다와 같은 형식이 그저 오랜 옛날에 일어났던 일에 그치는 것은 아니다. 사람의 생각은 예나 지금이나 비슷하다.

대항해 시대: 더 멀리, 더 많이, 더 크게

대항해 시대의 시작

코멘다 형태의 사업으로 베네치아와 인근의 해상왕국은 번영을 누렸다. 그러던 중 1453년 오스만 제국이 콘스탄티노폴리스를 점령하면서 무역로를 막고 무역 상품에 막대한 세금을 매기기 시작했다. 이제 기존의 무역 경로를 따라서 인도에 가기 위해서는, 중간에 오스만제국을 거치면서 많은 금액을 세금으로 내야 했다. 그 결과 향신료는 구하기가 매우 힘들어졌고 값은 치솟았다

상인들은 세금을 피해서 기존 경로 대신, 먼 바다를 통해서 인도를 가는 방법을 생각했다. 당시 지구가 둥글다는 것은 알려져 있었으나 지구가 얼마나 큰지, 가다가 뭐가 나올지 확실히 알지는 못했다. 어쨌든 지구는 둥글기 때문에 동쪽으로든 서쪽으로든 계속 항해하면 언젠가 인도에 닿을 것이라고 생각했다.

기존 홍해나 페르시아만을 거쳐가는 경로를 따라 무역을 하던 베네치아 인근의 도시에 비해서 이제 대서양을 마주하고 있는 유럽 대륙 서쪽에 위치한 포르투갈과 스페인이 지리적으로 우월해졌다. 이들은 경쟁적으로 인도로 가는 항로를 개척했다.

동쪽으로 가는 항로로 1497년 포르투갈의 항구에서 출발한 탐험가 바스쿠 다 가마Vasco da Gama는 아프리카의 서부 해안선을 따라 내려가다가 최남단인 희망봉을 돌아, 아프리카의 동쪽으로 간 다음 인도양을 건너 인도 남쪽에 도달하는 경로를 개척했다. 이에 포르투갈은 아프리카 해상 무역로를 장악해 무역을 통해 막대한 부를 누리게 되었다.

포르투갈을 피해 서쪽으로 가는 항로를 개척하기 위해 스페인은 크리스토퍼 콜럼버스Christopher Columbus를 후원했다. 서쪽으로 항해해 인도로 가려던 콜럼버스는 1492년 아메리카 대륙에 도착했고 거대한 대륙과 원주민들을 보자 인도에 도착했다고 생각했다. 하지만 콜럼버스가 도착한 곳

이 인도가 아닌 아메리카 대륙의 카리브 해 부근임이 나중에 알려졌다.

유럽에서 서쪽으로 항해해 인도에 가려면 중간에 아메리카 대륙을 지나 다시 바다를 건너야 된다는 것을 알게 된 스페인은 포르투갈 출신인 페르디난드 마젤란Ferdinand Magellan을 후원했다. 마젤란은 1519년 선단을 이끌고 대서양을 건너, 남아메리카 남단을 지났다. 그리고 태평양을 건너 필리핀에 도착했으나 원주민에 의해 사망했다.

마젤란의 뒤를 이어 엘카노는 남은 선원들을 이끌고 인도양을 지나 아프리카 남단을 거쳐 마침내 1522년 다시 유럽으로 돌아왔다. 이들의 항해로 스페인은 지구를 한 바퀴 도는 항로를 찾아 낸 것이다. 이후 스페인은 아메리카 항로와, 아시아로 이어지는 항로를 통해서 막대한 부를 쌓았다. 육지에서 가까운 바다가 아니라 머나먼 큰 바다를 통해 무역이 이루어지는 대항해 시대가 열렸다.

멀고, 위험한 항해

그런데 육지에서 가까운 연안이 아닌 먼 바다를 건너서 교역을 하는 배는 더욱 크고 튼튼해야 하며, 상단의 규모도 더욱 커야 한다. 즉 사업을 위해서 더욱 많은 자본이 필요하게 되었다. 반면 위험은 늘어났다. 일단 바다에 머무는 기간이 길기 때문에 먹고 마시는 것부터가 문제이다. 항해 중 상하지 않은 음식과 깨끗한 물을 마련하는 것이 어려워 병이 나서 죽는 선원들이 많았다. 거센 파도가 치는 해협을 건너야 하고, 큰 비바람이나 암초를 만나 침몰할 수도 있다. 도착한 곳에서 원주민의 습격을 받아 죽을 수도 있으며 돌아오는 길에 해적에게 약탈을 당할 수도 있었다.

원거리 항해로 그만큼 더 많이 투자해야 하고, 더 높은 위험을 부담하게 된 것이다. 기록에 의하면 1600년대 초, 포르투갈에서 출발한 배가 인도를 왕복하는 데에는 20개월 정도가 걸리며 중간에 침몰하는 사고율이 20%에 달했다.[2]

성공하는 경우에 아무리 수익이 좋은 사업일지라도, 소규모 인원이나 조직이 막대한 돈을 위험성이 높은 사업에 투자하는 것은 어렵다. 단 한 번의 실패를 돌이킬 수 없기 때문이다. 20%의 침몰 사고율은 다섯 번 투자했을 때 한 번 사고가 난다는 의미이다. 이러한 투자는 러시안 룰렛과도 같다. 네 번 방아쇠를 당겼을 때 총알이 나오지 않더라도 단 한 발의 총알에 죽을 수 있는 것이다.

어떻게 위험을 낮출 수 있을까? 우선 한 번 실패했을 때 돌이킬 수 없게 망하는 것을 방지해야 한다. 이를 위해서는 한 사람이 투자하기보다는 수많은 사람들로부터 조금씩 자금을 모아서 큰 자금을 만들어 사업을 하면 된다. 설령 실패하더라도 각각이 냈던 자금의 규모가 작으니 한 번의 실패로 투자자가 파산하는 위험은 줄어들 것이다.

그리고 프로젝트를 계속해서 하는 것이 필요하다. 한 번 항해와 한 번 귀항으로 해산되는 프로젝트의 투자자는 매번 항해 프로젝트 때마다 위험을 감수해야 한다. 운에 따라서는 투자하는 것마다 실패할 수가 있다. 그런데 투자자들이 대규모로 자본을 모아 여럿의 선단을 갖추고 계속해서 항해할 수 있도록 한다면 확률적으로 중간에 몇 번 실패하더라도 전체적으

2 『대항해 시대』, 주경철 지음, 서울대학교출판부, 2008, 143쪽, 재인용.

로는 이득을 볼 수 있다. 성공시 보상이 크기 때문에 실패의 손실을 메꿀 수 있는 것이다. 개별 항해 프로젝트가 아니라 여러 선단을 가지고 계속해서 여러 번 항해를 하는 조직체에 투자를 한다면 한차례 항해의 운에 따라야만 하는 위험은 분산될 것이다.[3]

이렇게 일회성이 아닌 다회성 프로젝트에 여러 명이 투자하면 위험을 분산해 공동으로 짊어질 수 있다. 설령 몇 번 잘못되더라도 피해의 규모를 작게 가져갈 수 있고 평균적으로는 이득인 것이다.

이것은 마치 사과나무를 한 그루만 심고 그 해에 사과가 잘 열리기를 기다리는 것이 아니라, 과수원을 만들어 여러 그루를 심는 것과 비슷하다. 그 중에 몇 그루는 농사가 잘 되지 않더라도 평균적으로는 이득을 얻을 수 있는 것과 마찬가지다. 여러 사과나무가 있는 과수원을 여럿이서 나누어 사면 같은 돈을 투자하더라도 안정성이 더 높아진다.

많은 사람들로부터 자금을 모아, 많은 배와 사람과 상품을 갖춘 큰 조직체를 구성해, 일회성이 아니라 계속해 무역업을 하게 되었다. 이 조직체가 바로 주식회사이다. 주식회사가 탄생한 것이다.

세계 최초의 주식회사

세계 최초의 주식회사로 1602년 탄생한 네덜란드의 동인도회사를 일컫는다. 주식회사의 일반적인 특징인 주식의 공개모집, 자유로운 양

---

3 동인도회사의 경우에도 위험이 대단히 높아서 일정한 수의 선박을 잃는 것을 당연시 했다. 1년에 5~6척을 잃는다 해도 5~6%의 손해에 불과하다는 시각을 가지고 있었다. 『대항해 시대』, 주경철 지음, 서울대학교출판부, 2008, 143쪽.

도, 소유와 경영의 분리, 일회성이 아닌 계속 기업 등 많은 특징을 네덜란드 동인도회사에서 확인할 수 있기에 세계 최초의 주식회사로 평가한다. VOC^Vereenigde Oost-Indische Compagnie라고 불리는 이 네덜란드 회사는 이전까지의 회사 형태와 어떠한 점이 달랐기에 '최초의 주식회사'라는 칭호를 얻게 되었을까?

네덜란드의 동인도회사는 왕실이나 귀족, 일부 상인뿐만 아니라 일반인들로부터 대규모 무역선단을 꾸릴 투자자본을 모았다. 국민 모두로부터 투자를 받은 것이다. 1602년 총 1,143명이 650만 길더(현재가치 약 300만 유로)를 투자해 네덜란드 동인도회사를 세웠다.

VOC는 1회성 프로젝트형 기업이 아니라 계속기업의 형태가 된 것이 특징이다. 이전에는 매번 출항 때마다 자금을 모아 증서를 발행하고, 회항을 하면 수익을 정산하고 회사는 해산했는데, 이제 회사가 출자 받은 자금을 돌려주지 않고 계속 운용해 연속적으로 항해를 하는 형태가 되었다.

그런데 투자자들 중에서는 회사에 투자한 자금을 회수하고 싶은 사람들도 있었다. 기존의 회사들은 설립 2년 내에 배당을 지급하곤 했는데 VOC는 초기에 배당금을 지급하는 대신 장기적인 사업목표를 가지고 더 많은 배와 해외거점을 마련하기 위해 재투자 했다. 따라서 자금이 필요한 사람은 지분을 팔아야 했다.[4]

VOC의 미래를 어둡게 보거나 당장 현금이 필요해 지분을 팔고자 하는 사람들이 있었고, 회사의 미래를 좋게 보고 지분을 사고 싶어 하는 사람도

---

4 「세계 최초의 증권거래소」, 로데베이크 페트람 지음, 조진서 옮김, 이콘, 2015, 78쪽.

존재했다. 자연스럽게 이들이 만나 지분을 거래하게 되었다. 투자자들은 회사에 투자한 금액을 항해가 끝난 뒤에 기업으로부터 직접 회수하는 것이 아니라 지분을 다른 사람들에게 팔면 되었다. 회사로서는 출자 받은 금액을 돌려주지 않고 그 자본을 계속해서 보존해 활용할 수 있게 되었다. 기업이 계속 이용하는 자본금의 개념이 등장한 것이다. 이제 기업이 안정적인 자금을 확보해 장기적인 운영이 가능해졌고 투자자들의 변동에 상관없이 해체되지 않고 계속적으로 존재하게 된 것이다. 그 결과 회사의 운영과 의사결정을 하는 이사들 이외에 일반 주주들은 회사의 경영에 크게 신경을 쓰지 않아도 되게 되었다. 지분을 통한 회사의 소유와 경영이 분리된 것이다.

한편 동인도회사 주식거래는 그 규모가 점점 커졌다. 그 결과 거래를 수월하게 하기 위해 1609년 네덜란드 암스테르담에 동인도회사의 주식을 사고팔 수 있는 거래소를 세우게 되었는데 이것이 세계 최초의 주식거래소가 되었다. 단, 초기에는 주식증권이 존재하지 않고 회사의 장부에 지분의 소유자와 출자금액을 적었다. 지분의 거래가 있으면 이 명단을 수정하여 관리했다. 그러나 투자자들이 다수인 경우 투자금액과 명단을 일일이 관리하기가 어려워진다. 게다가 배당을 주어야 하는데 이를 제때 받아가는 이가 있는가 하면 받지 않고 있는 이들도 있어서 이익의 배분을 관리하는 것도 점점 복잡한 일이 된다. 거래에 있어서도 파는 사람과 사는 사람이 원하는 조건과 물량을 정확히 맞추는 것도 복잡한 일이므로 자연스럽게 지분은 표준화된 거래 단위로 통일되어 거래되었다. 표준화와 각종 소송들을 통해 제도가 정비됨으로써 투자자금에 대한 소유를 증명하고 소유의 구분과 이익의 배분에 대한 권한을 증명하는 규격화된 증서인 주식증권으로 점차 발전하게 된다.

참고로 1600년 영국이 동인도회사를 먼저 설립하기는 했으나, 초기에는 매번 출자자를 모아 이익이 나면 출자금과 이익을 돌려주는 형태로 운영이 되었다. 즉 투자자들은 1회의 출항을 위해 자금을 출자하고 배가 귀환하면 정산을 통해 이익이나 손실을 분담하고 해산되었다. 따라서 주주들은 매번 달라지고 항해 후에 바로 투자금을 정산했기에 네덜란드 VOC 주주들처럼 시장에서 지분을 거래할 필요성이 덜했다. 이후 1657년 크롬웰 집권 시기에 영국 동인도 회사는 주식회사 형태가 되어 출자금을 받았다는 증서인 주식을 발행하고 투자자는 출자금을 되돌려 받지 않는 대신 주식을 매매할 수 있게 되었다. 근대적인 주식회사로서는 네덜란드의 동인도회사가 앞선 것이다.

참고: 초기의 주식증권과 현재의 주식증권

주식회사 초기에는 주식이 따로 발행되지 않고 장부에 투자자들의 이름과 투자한 금액을 적어 놓았다. 네덜란드 동인도회사의 증권은 종종 세계에서 가장 오래된 주식증권으로 소개되는데, 사실 오늘날의 주식과 같은 것은 아니고 주주가 주금을 납입했다는 영수증이다.

이러한 증서들에는 자신의 이름이 주주명부의 몇 페이지에 기록되어 있는지가 적혀 있어서, 이들이 지분을 양도하거나 배당금을 받으러 VOC 사무실에 갈 때 주주명부에서 자신의 이름을 빨리 찾을 수 있었다. 하지만 이 영수증 자체를 거래하지는 않았다. 영수증은 영수증에 '이름이 적힌' 사람이 회사에 지분청약대금을 납입했다는 증거이긴 하지만, 영수증을 '들고 있는' 사람이 주주명부에 이름이 적혀 있는 사람인지는 증명할 수 없기 때문이다. 실제 주주인지는 회사에 있는 자본 원장에 기재된 주주명부를 확인해야 했다.[5]

이처럼 초기에는 주주명부에 이름이 기재되어야 주주임을 증명할 수 있었다. 하지만 시간이 지나면서 주식이 발행되었고 주식 소유 자체로 주주임을 증명할 수 있게 되었다. 근래에는 모든 주식증권의 거래가 전자화되어 있어 주식의 실물을 보기가 거의 불가능하다.

주식 버블

주식회사가 막 생겨날 때에는 허가를 얻어야 설립할 수 있었다. 영국 동인도회사는 1600년 여왕이 상인들에게 특별 허가와 동방무역에 대한 독점권을 부여해 설립되었고, 네덜란드 동인도회사는 1602년 정부로부터 동양무역의 독점권을 얻어 설립되었다. 덴마크(1616년), 포르투갈(1628년), 프랑스(1664년) 등도 앞 다투어 유사한 형태로 동인도회사를 설립했다. 동인도회사라지만 인도하고만 교역하는 것은 아니고 중국, 동남아시아, 일본 등 각지를 포함했다.[6] 한편 유럽 각국은 아메리카 및 아프리카 서부와 무역을 위한 서인도회사도 설립했다.

---

5 『세계 최초의 증권거래소』, 로데베이크 패트람 지음, 조진서 옮김, 이콘, 2015, 68쪽.

산업혁명 이전의 주식회사는 왕실이 허가를 내주고 독점사업권 등 특혜를 준 칙허회사勅許會社, Chartered company였다. 칙허勅許란 왕이 허가했다는 의미이다. 주식회사의 혜택은 특별히 허가를 받은 회사만이 누릴 수 있는 것이었다.

당시 회사는 정부의 허가를 받아 설립되고 독점권을 부여 받는 한편, 정부의 역할을 대리해 군대를 이끌고 사법권을 가지는 등 사실상 식민지를 운영하는 정부 조직에 가까웠다. 사적 이익을 추구하는 조직일 뿐만 아니라, 국가의 영토를 개척하는 역할을 했던 것이다.

정부가 부여한 독점권과 주식회사가 가지는 장점으로 주식회사가 금방 퍼져나갈 것 같으나 그렇지는 않았다. 경제사에 손꼽히는 거품으로서 네덜란드의 튤립 버블, 영국의 남해 회사 버블, 프랑스의 미시시피 버블이 소개되는데, 남해회사와 미시시피 버블이 바로 주식 투기로 발생한 버블이었다. 버블이 꺼지면서 경제에 큰 타격을 주었고 한동안 영국과 프랑스에서는 주식회사 설립이 금지되기도 했다.

1700년대 초기, 프랑스 왕가는 막대한 빚을 지고 있었는데, 존 로John Law는 프랑스 정부의 빚을 해소한다는 명목으로 북아메리카 무역 독점권을 가진 미시시피 회사Mississippi Company의 주식을 프랑스 국채(국가의 빚 증서)와 교환할 수 있게 했다.

당시 회사의 배당금이 국채 수익률보다 높았기에 사람들은 앞 다투어

---

6 네덜란드는 특히 일본과 교역을 많이 했는데, 조선에 표류해 하멜 표류기(1668)를 남긴 하멜이 바로 일본과 교역하던 VOC의 선원이었다. 일본은 네덜란드를 통해 서양의 학문, 기술, 문물을 받아들였기에 서양학문을 화란(和蘭)의 학문이라 해 난학(蘭學)이라 불렀다. 화란(오란다, オランダ)은 네덜란드의 주요 도시(암스테르담, 로테르담, 헤이그 등)가 있는 홀란드(Holland)의 음차로서 그 자체로 네덜란드를 지칭하기도 한다.

국채를 미시시피 회사의 주식으로 교환했고, 이 과정에서 미시시피 회사의 주가가 상승해 투기가 일어났다. 설상가상으로 존 로가 국가의 은행을 통해 지폐를 마구 발행해 주식 가격을 부양하는 바람에 더 큰 투기와 거품이 일어났다. 지나치게 많은 화폐가 발행되어 물가가 폭등했고, 불안해진 사람들은 미시시피 회사의 주식과 은행의 지폐를 금화나 은화로 바꾸기 시작했다. 물가는 폭등하고 화폐가치가 폭락하고 미시시피 회사의 거품도 꺼지면서 프랑스는 더 큰 어려움에 빠지게 되었다.

영국도 비슷하게 1711년 남해회사South Sea Company를 설립해 아프리카의 노예를 남미 지역에 보내는 노예 무역 독점권을 부여했다. 하지만 무역에서 이득을 얻지 못했다. 1720년 남해회사는 영국 국채를 가지고 있는 투자자들에게 국채를 남해회사의 지분으로 바꾸도록 했는데 주가조작으로 불과 몇 달 사이에 주가가 10배가 오를 만큼 주가에 거품이 생겼다. 그 틈을 타 특별한 사업계획조차 없는 주식회사의 설립도 폭발해 같은 해에 202개의 주식회사가 설립되어 주식을 마구 발행했다.

그러나 기업들이 기대한 수익을 올리지 못하고 소문들도 거짓으로 드러나자 거품이 터졌다. 프랑스 미시시피 회사의 실체가 영국에도 알려지자 신뢰를 잃으며 주가가 급락했다. 만유인력의 법칙을 발견한 아이작 뉴턴도 이 과정에서 재산의 대부분을 잃어버렸다.

주식버블 붕괴로 인해 큰 타격을 입은 영국은 거품이 일어나는 일을 막기 위한 여러 규제들을 도입하고 주식발행을 금지해 100년 동안 주식회사의 설립이 금지되었다. 산업혁명 이후 19세기인 1825년에 이르러서야

제도 정비 등을 통해 주식발행을 다시 허가해 영국에서 합법적으로 주식회사가 설립될 수 있었다.

영국의 회사법

오랜 기간 인류의 힘은 노동력과 가축의 힘, 흐르는 물을 이용한 물레방아와 같은 자연의 힘을 넘기지 못했다. 1776년 영국의 제임스 와트가 증기기관을 개량 발전시켜 자연의 힘이 아닌 동력원을 이용할 수 있는 기틀을 마련했다. 효율적인 증기기관의 발명으로 대량생산이 가능해져 약 100년간 영국을 중심으로 유럽 전역에서 기계를 이용한 생산의 혁신이 일어났다. 이 혁신을 산업혁명이라 한다.

산업혁명 이전의 주식회사는 왕실의 허가를 받아 독점의 혜택을 누릴 수 있었다. 하지만 산업혁명의 시기에 영국 기업들은 더 이상 국가의 특허를 받아 독점을 보장받는 기업들이 아니었다. 주로 가족기업, 동업기업으로서 영세한 규모였지만, 산업혁명으로 다양한 분야에서 각자 이익을 추구하며 새로운 기술을 개발하고, 대량생산으로 효율을 높이면서 혁신을 이어나갔다. 이러한 기업들의 발전으로 생산력이 극적으로 상승한 영국은 세계 최강국으로 떠오르게 되었다.

하지만 생산량이 늘어났다고 해서 마냥 좋은 것만은 아니었다. 대량 생산을 해도 그것들을 전부 다 팔 수 없었고, 해외로 팔려고 해도 당시에는 기존의 칙허 회사들이 무역 체제를 독점하고 있었다. 새로운 기업인들에게는 부당한 일이었다. 그리고 산업이 발달함에 따라 대규모 자금 조달이 필요해지는 일도 많았다. 철도, 운하, 제철, 석유, 조선 등 막대한 자금이 필요한 산업에 자금을 조달하는 방법으로 주식회사가 다시 등장하게 되었다.

1862년 영국에서 관련 법안을 모은 '회사법Companies Act'이 통과되어 누구나 회사를 세울 수 있는 '등록제'로 전환이 이루어졌다. 기존에는 정부의 허가를 받았으나 이제 적절한 기준을 갖추어 등기를 마치면 주식회사를 설립할 수 있게 된 것이다. 특허에 의한 독점이 아닌 자유로운 등록을 통한 경쟁의 시대가 시작되었다.

국가 정책을 실행하는 정부와 같은 성격을 지니고 있었던 동인도회사와 같은 기존의 주식회사와 다르게, 회사법에서는 쉽게 주식 회사를 설립할 수 있게 하여 주주는 유한책임의 혜택을 누릴 수 있게 되었다. 영국의 회사법은 나중에 각국 회사법의 근간이 되었다.

5장

기업지배구조의 개요

2020년을 전후해 ESG가 화두가 되었다. 기업이 단지 이익을 추구하는 것이 아니라, 환경, 사회적 책임, 기업지배구조와 같은 분야를 고민해야 한다는 것이다. 이처럼 경제와 기업에 관심을 가지는 사람들이라면 기업지배구조, 또는 지배구조라는 말을 많이 들어보았을 것이다. 한국 경제의 문제점을 지적하면서, 후진적인 기업지배구조로 인해 우리나라 기업이 제대로 가치를 인정받지 못하고 할인discount 평가된다는 말도 자주 나온다.

수많은 미디어에서 기업지배구조의 중요성을 강조하고 있으나 정작 기업지배구조가 무엇인지는 잘 알려지지 않았다. 의무교육 과정에서도 가르치지 않고, 대부분의 대학에서도 따로 배우지 않고 있다. 특히 국내 기업지배구조와 관련해서는 비슷하지만 엄밀하게는 다른 용어들이 다수 사용되어 처음 접하는 이들이 이해하는 데에 어려움이 있다.

우리가 흔히 사용하고 있지만 그 의미를 제대로 알고 있지 않은 용어들에 대해서도 한 번 살펴보기로 한다.

기업지배구조란 무엇인가

기업지배구조Corporate Governance의 정의를 찾아보면 "기업 경영의 통제에 관한 전체적인 체계. 기업 경영에 직접적 또는 간접적으로 참여하는 주주, 경영자, 근로자 따위의 이해관계를 조정하고 규율하는 제도적 장치와 운영 기구를 통틀어 이른다."와 같이 서술되어 있다.[1]

또는 주주 중심의 관점에서 "주인과 대리인 간의 이해관계의 충돌을 방지해, 경영자가 주주의 이해와 합치되게 행동하도록 하는 장치"라고 정의하거나, "기업의 경영이 투자자들의 이익을 증대시키는 방향으로 설정하도록 견제 및 감시하는 시스템"이라고 설명하기도 한다.[2] 기업지배구조의 핵심을 요약한 말이지만 처음에 바로 이해하기는 어려울 것이다.

기업지배구조라는 단어를 보자. 직역하면 기업을 지배하는 구조, 즉 시스템이다. 기업을 지배한다는 것은 무엇일까? 어려운 용어들을 배제하면 핵심은 기업의 의사결정을 하는 것을 의미할 것이다. 즉 기업지배구조는 '기업의 의사결정과 관련한 시스템'으로 생각하면 되겠다.

조금 더 깊게 들어가자면, 기업지배구조는 '기업의 핵심 이해관계자는

---

1 고려대한국어대사전.
2 『회계학 이야기』, 권수영 지음, 신영사, 2013.

누구로 볼 것인가, 기업은 누가 이끄는가, 누가 결정을 하고 누가 책임을 지는 것인가, 다양한 이해관계자들의 이해관계를 어떻게 조율할 것인가, 의사결정의 권한과 책임을 어떻게 분배할 것인가'를 아우르는 모든 것을 말한다.

기업지배구조가 문제가 될 때는 다수의 이질적인 사람들이 그 기업과 관계를 맺고 있을 때다. 개인기업은 온전히 개인의 소유이므로 개인이 어떻게 하든 문제가 크지는 않다. 의사결정을 내리는 사람과 이익과 손실을 보는 주체가 동일하게 때문이다.

하지만 주식회사의 경우 회사의 지분을 소유하는 사람과 경영을 하는 사람이 분리되어 있다. 주주들 중에서도 주식회사의 의사결정에 직접적인 영향을 미치는 주주와 그렇지 않은 주주들이 있어서 이해관계가 엇갈리게 된다. 상장을 하게 되면 주주들은 더욱 늘어나고 이해관계는 더욱 복잡해진다. 따라서 이어지는 서술에서 기업지배구조의 논의는 '주식회사', 그 중에서도 주로 주식이 상장된 주식회사를 대상으로 한다.

기업지배구조가 중요한 이유

경제가 성장하기 위해서는 위험을 무릅쓰고 사업에 뛰어들 수 있는 사업가가 필요하다. 이 사업가가 사업을 펼칠 수 있도록 자금을 지원하는 투자자도 필요하다. 투자자는 성공여부가 불확실한 상황에서 훗날 그 이익을 나누어 가지리라는 가능성을 믿고 투자를 한다. 그런데 경영자나 특정 투자자들만이 기업의 성과를 가로채 독식한다면 다수의 투자자들이 경제적 손실을 입을 것이다.

따라서 주식투자를 하는 입장에서 기업지배구조를 아는 것은 매우 중요하다. 주식이라는 이름의 증서가 가치가 있는 이유는 결국 기업이 창출한 이익을 나누어 가질 수 있다는 약속을 하고 있기 때문인데 지배구조가 나쁜 기업은 이익을 제대로 나누어 주지 않을 가능성이 높기 때문이다.

국가 경제 전체적으로 봐도, 특정인들이 성과를 가로채는 현상이 만연하다면 누구도 위험을 감내하며 자금을 대려 하지 않을 것이다. 그러면 좋은 사업 기회가 있어도 투자가 이루어지지 않아 경제가 성장할 수 없다. 자본시장이 정상적으로 작동하기 위해서는 투자자와의 약속을 존중하는 의사결정체계가 뒷받침되어야 한다. 바로 이것이 기업지배구조가 중요한 이유다.

기업지배구조에 대한 이해를 위해 먼저 기업의 주인이라고 불릴 수 있을 만한 사람은 누구인지, 기업과 관련된 이해관계자는 누구인지, 기업에서 의사결정은 누가 하고 어떻게 책임질 것인지 등에 대해서 고민이 필요하다.

회사의 주인은 누구인가?

'회사의 주인은 누구인가?'

간단한 질문이지만, 과연 그 대답도 간단할까? 회사를 경영하는 경영자일까? 아니면 회사의 주식을 보유한 주주일까? 각 경우에 따라서 누가 주인이라고 하는 것이 적절할지 생각해 보자.

주주

일반적으로 주식회사의 주인은 주식을 소유한 주주라고 한다. 그 이유는 회사의 성과에 대한 최종적인 책임을 지기 때문이다. 그런데 성과에 대한 최종적인 책임을 진다는 말은 어떤 의미를 갖는 것일까?

앞서 살펴보았던 떡볶이 형제의 예를 다시 생각해 보자. 회사를 설립할 때 김군과 박군이 자본을 제공하고 모자란 부분은 차입을 하여 설립했다.

자본조달은 크게 타인자본과 자기자본으로 구분할 수 있다. 타인자본은 회사가 빌리는 것, 즉 일정 기간 후 원금을 갚고 이자를 지급하는 형태로 자금을 조달하는 것이다. 자기자본은 함께 동업해 투자하는 것과 마찬가지다. 즉 회사 사업에 필요한 자금을 제공하되 회수를 하지 않고 계속 사업을 운영하면서 사업의 성과를 나누어 갖는 것이다. 회사에 돈을 빌려준 투자자를 채권자라고 하고, 회사에 자본을 댄 투자자를 주주라고 한다.

채권자와 주주의 가장 큰 차이는 주주는 관계자에게 줄 것을 다 주고 난 나머지를 갖는다는 것이다(잔여이익에 대한 청구권). 즉 회사가 물건을 팔거나 서비스를 제공해 돈을 벌었을 때 먼저 원재료나 상품을 제공한 공급자에게 대금을 지급한다. 회사에서 일하는 근로자에게 임금을 제공하며 채권자에게 이자를 지급한다. 국가에 세금을 낸다. 이렇게 관계된 이들에게 모두 지급하고 난 다음에도 이익이 있으면 그것이 바로 주주의 몫이다.

기업이 잘 되면 다 주고도 남는 것이 많아서 주주들의 몫이 커지고, 기업이 잘 되지 않을 때는 주주들은 받아갈 것이 없게 된다. 반면 회사에 돈을 빌려준 채권자는 회사의 사업 성과에 관계없이 원금과 이자를 일정하게 받아간다. 회사가 잘 된다고 이자를 더 받는 것도 아니고 회사가 잘 안

된다고 이자를 깎아주지도 않는다.

회사가 더 이상 사업을 하지 않고 청산할 때에도 마찬가지다. 회사를 청산할 때 회사의 재산을 모조리 팔아서 밀린 매입 대금이 있으면 지급하고, 근로자들에게 임금을 지불하고, 채권자에게 빚을 갚고, 국가에 세금을 낸다. 그러고도 남는 부분이 있으면 주주들이 나누어 갖는다(잔여재산 청구권). 즉 주주는 맨 후순위로 가져간다.

주주가 회사의 의사결정을 하고, 맨 나중에 가져가기 때문에 회사의 성과에 대해서 고스란히 영향을 받는다. 의사결정과 책임을 고스란히 지는 것이다. 이러한 측면에서 주주를 회사의 주인이라고 볼 수가 있겠다.

자산	부채
1,000	990
	자본
	10

부채가 많은 기업의 예

하지만 늘 그런 것은 아니다. 만약 부채가 매우 많은 기업이라면 어떨까. 부채 990억 원에 자본 10억 원인 주식회사를 생각해보자. 주주는 유한책임을 진다. 따라서 회사가 망하면 주주들은 10억 원의 손실로 끝나지만 채권자들은 990억 원의 손실을 본다.[3] 즉 실질적인 경영위험은 타인자

---

3 회사의 자산을 매각하여 마련한 현금으로 채무를 갚을 것이므로 실제 손실을 이보다 적을 것이나 극단적인 경우를 가정했다.

본제공자인 채권자가 부담하게 된다. 이 경우에도 과연 '주주'를 기업의 주인이라고 할 수 있는 것일까? 채권자이지 않을까? 실제로 기업이 채무를 갚지 못할 위기를 맞으면 기업에 돈을 빌려준 채권단이 주주를 대리하는 경영자를 밀어내고 관리를 하기도 한다.

회장

사업을 성공시키는 것은 쉬운 일이 아니다. 적어도 창업자들은 자신의 인생을 바쳐서 사업을 일구어 내었다. 주식회사의 경우 지분을 가진 창업자들이 실패해도 유한책임을 진다고는 하지만 초기 경영자들이 회사를 성장시키기 위해서 밤을 지새고 분투하며 젊음을 불살랐던 시간들의 가치는 금전적으로 환산하기 어렵다. 이런 면에서 기업의 주인은 이른바 회장의 위치에 있는 사람이 아닐까?

과거 우리나라 기업들은 형식은 주식회사이되, 실질적으로 개인회사처럼 운영되고 이것이 사회적으로도 인정되는 분위기였다. 현대그룹, 삼성그룹의 설립자인 1세대(정주영, 이병철)나 물려받아 성장시킨 2세대(정몽구, 이건희) 등은 초기에 회사를 설립하고 성장시키는데 결정적이고 막대한 기여를 했고, 실제로 주인의식을 가지고 경영권을 행사했다. 채권단들도 회사가 파산했을 때에 주주의 유한책임을 들어 채무를 면제하는 것이 아니라 이른바 오너인 지배주주들에게 책임을 지우기도 했다.

"현대자동차는 누구의 기업인가"라는 질문을 오늘날 던진다면, "정의선 회장"이라고 많은 사람들이 답할 것이다. "삼성전자는 누구의 기업인가"라는 질문에도 "이재용 회장"이라고 답하는 이들이 많을 것이다. 하지만 3대,

4대가 경영권을 물려받는 시대에 정말 이들 재벌회장 일가를 주인이라고 볼 수 있을까?

실제로 이들이 회사의 경영 의사결정에 많은 영향을 미치는 것은 사실이다. 하지만 소유의 측면에서만 보면, 이들은 주식회사의 지분을 일부만 소유하고 있을 뿐이다. 재벌회장 일가가 소유한 몫보다 훨씬 많은 지분을 수많은 다른 이들이 나누어 소유하고 있다. 회장을 비롯한 일가는 지분의 일부만을 가지고 있을 뿐인데 주인이라고 할 수 있을지 의문을 제기할 수 있다.

근로자

회사와 가장 운명을 함께 하는 사람은 누구일까? 바로 직원이다. 직원은 자신의 인생과 능력을 기업에 바치면서 생산과 영업활동을 통해 실질적인 부를 만들어 낸다. 주주는 '자금'을 제공하지만 회사가 주식을 발행할 때 제공했을 뿐이며 요즘 같은 시대에는 하루에 수십 번도 바뀐다. 기업이 실패하면 주주도 손실을 보긴 하지만 그 기업에서 일하는 직원들은 직장을 잃는다.

오늘날은 공장과 설비와 같은 물질적인 자산보다는 아이디어와 기술과 같은 무형의 지적 자산이 기업의 성장동력이 되는 시대다. 무형자산의 원천인 인적 자원이 더욱 중요하게 되었다. 직원들의 능력, 자질, 기술, 충성도와 같은 것이 기업의 성공요인이다. 기술기업에서 중요한 핵심 인재가 떠나면 성장 동력을 잃게 된다. 기업의 주인이 근로자라고 할만한 실질적인 이유가 있다.

회사 자체

상법에서 모든 회사는 법인, 즉 법적으로 권리·의무의 주체가 되는 사람으로 취급받는다. 사람이 자신의 이름으로 계약을 맺고 세금을 내는 것처럼, 법인은 스스로의 이름으로 권리와 의무를 지녀 계약을 체결하고 세금을 내며 법적인 책임도 진다. 사람에게 주인이 없는 것처럼 법적인 인격체에 따로 주인은 없다. 나의 주인은 내가 되듯이 회사의 주인은 그 회사라고 할 수도 있다.

그래서 주인은 누구인가?

기업의 주인은 관점에 따라서 주주가 될 수도, 채권자가 될 수도, 회장이 될 수도, 근로자가 될 수도, 기업 그 자신일 수도 있다. 기업은 또한 지역사회를 비롯한 사회에서 도움을 받고, 영향을 미치기도 하니 모든 이해관계자가 회사의 주인이라고 할 수도 있겠다. 그러나 모두가 주인이라고 하는 것은 결국 주인이 없다는 말과도 같다. 모두의 책임은 누구의 책임도 아닌 것처럼 말이다.

기업의 주인이 누구인지를 따지는 것은 국가의 주인이 누구인지 따지는 것과도 비슷하다. 과거 왕조시대에는 국가의 주인을 '황제' '왕' 등으로 생각했다. 일반 사람들은 황제나 왕에게 복종해야 하는 신하된 사람, 즉 신민 또는 백성이었다.

이후 시대가 지나면서 국가의 주인이 하늘로부터 권리를 받은 황제나 왕과 같은 특정 개인이 아니라고 생각하게 되었다. 현대 국가들은 대부분 민주공화정이며, 일반인인 '국민國民'을 국가의 주인으로 여기고 있다.

대한민국도 국가의 가장 기본이 되는 헌법에 국민이 주인임을 명시하고 있다. 헌법 제 1조 1항은 "대한민국은 민주공화국이다", 2항은 "대한민국의 주권은 국민에게 있고, 모든 권력은 국민으로부터 나온다"라고 해 국가의 의사를 최종적으로 결정하는 권력이 국민에게 있음을 분명히 하고 있다. 즉 국민이 주권을 가지는 주인이다.

그러나 국민인 일반 사람들이 정말 주인임을 느끼고 있는가? 우리는 사실상 선거 때 한 표 행사할 때에만 주인임을 느낄 수 있다. 대신 국가를 운영하는 권력의 견제와 균형을 위해 입법, 사법, 행정으로 분리해 특정 조직이나 인물이 마음대로 하지 못하도록 하는 시스템을 가지고 있다. 대한민국의 경우 행정부의 권한, 그 중에서도 대통령의 권한이 강해 많은 정책들에 영향을 미치기 때문에 어떤 측면에서는 국가의 실질적 주인이 대통령이나 행정부로 보이기도 한다.

그러나 국민의 대표를 뽑는 권한, 가장 중요한 의사결정 권한은 여전히 국민에게 있다. 그런 점에서 국민을 국가의 주인으로 볼 수 있겠다.

기업에서도 마찬가지다. 오늘날 대부분의 형태를 차지하는 주식회사, 특히 주된 관심사가 되는 상장회사의 주식들은 수많은 주주들이 분산해 소유하고 있다. 비록 모든 주주가 직접 경영에 참여할 수 있는 것은 아니지만 회사의 이사를 선출하는 권한, 가장 중요한 의사결정 권한은 형식적으로나마 주주에게 있다. 따라서 우리는 일단 주주를 핵심 이해관계자로 보는 입장을 중심으로 논의를 진행하기로 하자.

주식회사의 핵심 이해관계자는 주주

사실 개인기업이 아닌 법인 회사에 대해 '주인'이 누구인지 특정하는 논의는 불필요한 일일 수 있다. 주주, 채권자, 근로자 등의 이해관계자가 계약에 의해 각자의 권리와 의무를 가지고 회사와 관계를 맺고 계약이 잘 이행되는지를 논하면 족한 것이지 주인이 누구인지 하나로 특정해야 할 필요는 없다. 그러나 굳이 주식회사의 주인이 누구인지에 대해 길게 이야기한 것은, 비판 없이 기계적으로 '회사의 주인은 주주이다'를 전제하는 경우가 많기 때문이다.

1840년대까지는 대부분 회사의 소유자가 상하급 경영자로서 회사를 운영했다. 즉 소유자가 회사의 경영자였다. 그러나 기업이 성장하고 상장을 함으로써 소유와 경영의 분리가 강하게 일어나 회사를 소유하지 않는 경영자들이 막강한 힘을 가지고 회사를 운영하게 되었다. 이 경영자들은 주주의 권익을 해치면서까지 개인의 영향력을 발휘하는 문제가 있었는데, 경영자들이 주체로서 기업을 운영하는 체제를 경영자 자본주의managerial capitalism라고 불렀다. 오늘날 회사의 주인을 주주로 보는 주주 자본주의shareholder capitalism 관점은 경영자가 주주를 무시하고 회사를 운영하는 데에서 나오는 반발에서 비롯되었는데, 경제학이나 재무학에서 이론적인 모델을 구축하는 편의 측면에서도 널리 받아들여졌다.

하지만 법적으로 주식회사의 주인에 대한 규정은 없다. 린 스타우트Lynn A. Stout 코넬대 로스쿨 교수 등은 미국 기업법Corporate law에 주주가 회사의 주인임을 규정하는 조항이 없음을 강조한다. 경영진이 주주의 부를 극대화하는 의무도 법적으로 강제되지 않는다. '주주가 회사의 주인'이라는 말은 주주는 회사의 지분을 가졌고 회사와 계약관계를 통해 배당권과 의결권 등을 가졌음을 의미할 뿐이다. 법인은 말 그대로 주주와 독립된 법적인 인간이지 주주가 소유한 것이 아니라고 말한다.

서울대 법대의 김화진 교수 역시 "주주는 회사의 주인이 아닌 비례적 이익을 취하는 수익자"이며 "이사회는 특수한 기구로서 회사를 둘러싸고 있는 다양한 계약에 대한 직접 관여자로서 기능하는 실질적인 경영 주체"라고 설명한다.[4]

2019년 스탠퍼드 대학교가 미국 기업의 CEO와 CFO 등 경영자를 대상으로 진행한 설문조사에서도 주주가 아닌 이해관계자의 이익을 매우 중요하게 생각한다는 대답이 62%에 달했다. 하지만, 장기적인 회사 경영의 측면에서 주주의 이익이 이해관계자 이익보다 현저히 중요하다고 답한 경우는 23%, 약간 더 중요하다는 답은 32%, 동등하게 중요하다고 생각한다는 답변은 40%였다. 이해관계자의 이익이 더 중요하다는 답변은 5%에 머물렀다. 경영자들이 주주만을 위해 회사를 운영하지는 않지만 주주를 중요시하는 경영 의사결정을 한다는 사실을 나타낸다.

그러니 '회사의 주인은 주주'라고 단순히 생각하기 보다는, '회사의 핵심 이해관계자는 주주'라고 생각하는 것이 치우치지 않는 견해가 될 것이다.

기업의 '오너'

흔히 기업에 관련한 기사들이나 일상의 대화에서 '오너' '오너일가'라는

---

4 김화진, '2020 THE NEXT 컨퍼런스'.

표현을 사용한다. 오너Owner라는 말은 소유하다는 뜻인 own에서 파생되어 '주인' '소유자'라는 의미를 가진다. 따라서 오너라는 표현은 그들이 기업의 주인이라는 의미를 내포한다. 그러나 100% 지분을 소유한 경우나 절대적으로 많은 지분을 차지하는 경우가 아니라면 그 한 사람이나 그 일가만을 오너라고 할 수는 없을 것이다.

우리나라에서는 주식회사의 지배주주이자 경영권을 가지는 회장의 존재를 인정하고 이사들도 이른바 오너라 불리는 회장일가를 위해 행동하는 경향이 강하다. 회장이 실제로 진정한 주인처럼 장기적인 시각을 가지고 경영을 하며 공평하게 이익을 나누어 가진다면 문제가 되지 않고 이상적이다. 하지만 사익을 위해 경영권을 사용한다면 문제가 된다.

상장된 주식회사의 경우에는 다수의 주주가 존재하기 때문에 오너라는 말을 함부로 쓰는 것은 적절하지 않다. 예를 들어 흔히 이재용 회장을 삼성전자의 오너라 부르곤 한다. 그러나 2021년 12월 말 이재용 회장이 삼성전

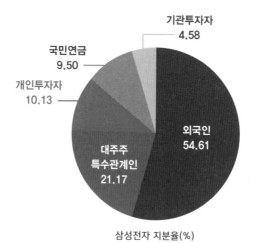

삼성전자 지분율(%)
2021년 4월 30일 기준. 출처: 예탁결제원, 한국거래소.

자의 지분을 직접적으로 소유하는 비중은 1.6%이고, 삼성생명보험 등 다른 회사의 지분소유를 통해 간접적으로 소유하는 비중까지 합산하면 21% 정도이다. 나머지는 총수 일가가 아닌 투자자들이 가지고 있는데 약 50%는 외국인 투자자가, 상당부분은 국민연금과 기관투자자가 소유하고 있다. 그 외에 수많은 개인투자자가 차지한다.

	2019년	2020년	2021년	3년간 증감
전체주주수(명)	568,409	2,154,081	5,066,466	4,498,057
소액주주(개인)	561,449	2,145,317	5,055,525	4,494,076
소액주주 인원비율	98.77%	99.59%	99.78%	1.01%
소액주주 보유주식수	216,351,452	387,192,801	766,347,454	549,996,002
소액주주 보유주식 비율(개인)	3.62%	6.48%	12.83%	9.21%

삼성전자 개인 소액주주 현황
출처: 한국예탁결제원.

2019년 12월 31일 기준 삼성전자 개인 소액주주는 56만 명이었다. 2020년 214만 명을 넘어 2021년 505만 명을 넘게 되었다. 3년간 449만 명이 증가한 것이다. 증가인원은 거의 소액주주들이다. 2019년말 100주 미만 보유자가 36만 명이었는데 2021년말 376만 명을 차지하여 277만 명 증가했다. 보유비중의 측면에서는 소액주주가 2019년 3.62%에서 2021년 12.83%로 9.21%가 증가했다.

지분비율을 고려할 때 오너라는 표현을 쓰는 것보다는 흔히 쓰는 '총수'라는 표현이 더 적절하다고 생각된다. 이들의 실질적인 지위는

'경영권을 가지는 주요주주'나 '경영권을 가지는 지배주주'가 될 것이다. 경영권을 가진다는 것은 회사의 경영에 참가한다는 것이니, 상당한 지분을 가진 사람으로서 회사의 대표인 회장, 사장, CEO 등의 직위에 있는 사람이라 생각하면 된다.

참고로 이 책에서 실명이나 기업명이 드러난 경우들이 있다. 그러나 이것은 대기업이거나 사회적으로 중요한 위치를 차지하고 있어서 사용한 것뿐이지 이들에게만 문제가 있다거나 이들만을 집중적으로 비난하고자 하는 것은 아니다. 오히려 재계에서 자신이 반드시 원하지 않았음에도 책임을 물려받을 수밖에 없고, 묵묵히 그 책임을 완수해가는 경영자들에게 느끼는 마음이 있다.

상속 경영자들이 느낄 심리적 압박감은 얼마나 될지 헤아리기 어렵다. 특히 선대의 성취가 워낙 탁월했던 경우에 그럴 것이다. 후대의 능력이나 노력이 부족해서가 아니라, 선대에서 예외적으로 뛰어난 성과를 거두었다는 것 자체가 그만큼 운이 작용했다는 것이기 때문이다. 동일한 능력 또는 그 이상의 능력을 후대가 가졌다 하더라도 시기와 운이 맞지 않으면 그만큼 성과를 내기 어려운 것이다. 평균 이상의 성취를 계속해서 이루어내는 것은 정말 예외적인 일이다.

참고: 성장의 원동력

기업의 성장에 있어서 가장 중요한 것은 무엇일까? 전통적인 경제학에서는 재화나 서비스를 생산하기 위해 투입되는 자원에 대해 '토지(자연자원)' '노동' '자본'을 생산의 3요소라고 했다. 공장을 지을 토지와, 기계를 설치하고 인력을 고용할 자본과, 공장에서 일을 할 노동력의 규모에 의해 생산의 규모가 결정되었다. 그런데 이 이론은 제조업과 같은 생산형태에 적합하다는 한계가 있다.

신성장이론New Growth Theory으로 2018년 노벨경제학상을 수상한 폴 로머Paul M. Romer 교수는 지식의 축적과 연구개발이 경제성장을 이끈다고 주장했다. 로머는 아이디어가 경제성장을 이끄는 것에 대한 비유로서 "우리가 필요한 것은 재료와, 오븐과 같은 자본, 요리기술을 가진 요리사 같은 인적자본이다. 하지만 중요한 것은 정교한 요리법으로서 원재료를 아주 가치 있는 것으로 변환시키는데 도움을 주는 것이다"라고 했다.[5]

자본시장이 발달한 오늘날엔 아이디어가 있으면, 자본과 토지와 같은 요소는 큰 어려움 없이 조달할 수 있다. 생산의 3요소보다 아이디어를 탄생시키고 성장하도록 끊임없이 밀어붙이는 기업가들의 역할이 상대적으로 중요해진 것이다. 동시에 기술개발의 원천이자 아이디어를 발전시키고 실현시키는 직원들의 중요성 역시 증가했다. 회사에서 의사결정을 할 때 직원을 함께 고려해야 할 필요성이 높아졌다.

구분	2013년	2014년	2015년	2016년	2017년	2018년
미국	454,823	476,459	795,094	516,590	548,984	581,553
중국	323,361	346,222	366,071	393,041	420,816	468,062
일본	164,656	169,554	168,549	160,295	166,184	171,294
EU(28국)	355,278	371,249	386,010	406,792	438,172	464,876
한국	68,234	73,100	76,932	80,799	90,386	98,451

2013~2018년간 국가별 총 R&D 지출

출처: OECD MSTI 2020-1.

5 For Economist Paul Romer, Prosperity Depends on Ideas, The Wall Street Journal, Jan. 21, 1997.

실제로 미국을 비롯한 선진 각국의 R&D 투자는 비약적으로 증가했다. 기업가치 측면에서도 토지나 자본이 아니라, 눈에 보이지 않는 특허권, 기술력, 고객충성도, 브랜드 가치와 같은 무형의 자산이 높게 평가되고 있으며 그 비중도 높아지고 있다.

무형자산의 중요성을 주주지분의 시장가치와 장부가치의 상대적 비율인 PBR^{Price-to-Book Raito}를 통해 살펴보자. 시장가치는 주식 시장에서 결정되고, 장부가치는 회사에 주주가 투입한 자본의 양과 회사가 사업을 통해 벌어들여 배당하지 않고 재투자한 금액이 누적된 부분을 의미한다. 회사의 가치가 단순히 물리적인 자산의 합으로 결정된다면 자본의 장부가치와 시장가치가 비슷할 것이다. 실제로 제품을 차별화하기 어려운 제조업의 경우에 PBR이 1에 가까운 경우가 많다.

지금은 무형자산이 중요한 시대이다. 2020년 중반 PBR은 6에 가까워서 장부에 기재된 금액이 1이라면 시장에서 평가받는 기업의 가치는 6이었다. 보이지 않는 가치가 매우 큰 것이다.[6]

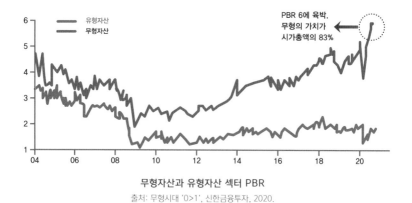

무형자산과 유형자산 섹터 PBR
출처: 무형시대 '0>1', 신한금융투자, 2020.

---

6 PBR이 큰 이유에는 실제 가치보다 낮게 기재된 자산의 영향도 상당하다.

기업지배구조의 의의

독재, 공화제, 민주주의 등 국가의 정치구조에는 다양한 형태가 존재한다. 민주주의 체제 내에서도 입헌군주제, 대통령제, 의원내각제 등 다양한 구조가 있다. 이들 정치구조는 어느 한 순간에 갑자기 정립된 것은 아니고, 역사적 흐름과, 당시 시대적 배경에 따라 하나둘씩 등장했다. 그리고 각 체제는 장단점을 가지며 역사에서 나름의 역할을 해왔다. 특정한 상황에서 더욱 유리한 정치구조의 형태가 있을 것이지만, 일반적으로 발달된 정치구조는 특정인이 국가권력을 사유화하지 못하게 하고, 국가의 의사를 결정하고 집행하는 이들이 국민을 위해서 공정하고 양심적으로 열심히 일하게 하는 체제일 것이다.

주식회사의 지배구조도 마찬가지로 여러 형태가 존재한다. 기업의 핵심 이해관계자가 주주라는 관점에 동의한다 하더라도, 구체적인 의사결정에서 권한과 책임을 누가 가지며 어떻게 의사결정을 하는지와 관해서 다양한 지배구조 형태가 존재한다. 서로 다른 지배구조 형태가 등장하게 된 것 역시 각자의 배경이 있으며, 여전히 현재진행형으로 수정되어 가고 있다. 그 중에 일반적으로 좋은 지배구조는 특정인이 회사를 사유화하지 못하게 하고, 업무를 집행하는 이들이 다수의 주주와 이해관계자를 위해서 의사를 결정하고, 공정하고 열심히 일하게 하는 체제일 것이다.

대리인 문제: 전문 경영인의 경우

주식회사, 그 중에서도 우리의 주된 관심의 대상인 상장주식회사의 지분은 주식시장에서 대중에게 자유롭게 거래된다. 그 결과 소수의 주주가 기업의 지분을 대부분 소유하기보다는 다수의 주주가 주식을 분산해 소유하는 경우가 많다.

그 결과 주주가 일상적으로 의결권을 행사하기에는 주주의 수가 많아 의견을 취합하기 어려울 뿐만 아니라, 경영에 있어서 전문성을 가지고 있지도 않기 때문에, 주주는 주식을 소유하되 경영에 참여하지 않는다. 대신 전문적인 경영자가 회사를 경영하도록 한다. 즉 소유와 경영이 분리되어 있다. 이러한 구조에서 기업지배구조는 핵심 이해관계자인 '주주'를 위해 '경영자'가 일하도록 하는 것이다.

문제는 경영자가 열심히 일하는지 주주가 일일이 쫓아다니면서 확인을 할 수가 없다는 점이다. 경영자가 마음 먹고 주주의 이익보다는 자기 자신의 편의와 사적 이익을 위해서만 일할 수 있다. 예를 들어 중요한 의사결정을 위해서 심사숙고하지 않고, 손쉽게 컨설팅 업체나 하청업체에 맡겨 버린다든지, 심지어는 개인적으로 뒷돈을 받고 회사에 불리한 계약을 맺을 수도 있다. 회사의 돈으로 커다란 대표 사무실을 만들고 값비싼 그림을 걸어 놓는다든지, 불필요한 최고급 업무용 차량을 사는 등 회사의 귀한 자원을 자신의 편의와 즐거움을 위해 낭비할 수 있다.

장기적인 관점에서 회사의 가치를 키우는 내실 있는 경영을 하기보다 멋있어 보이는 신사업 투자, 무리한 인수합병에 나서는 등 기업의 규모를 키워서 자신의 영향력을 높이는 왕국을 만들려 할 수도 있다. 이를 제국건설Empire building이라고도 부른다. 이처럼 주인principal을[7] 대신해서 일하는 대리인agent이 일을 시킨 주인의 이익이 아니라 자기 자신의 이익을 추구

하는 문제를 '대리인 문제agency problem'라고 한다.[8]

따라서 경영자들이 주주의 이익을 위해서 일하고 있는지 감시 및 감독을 하고, 경영자 스스로 열심히 일을 하도록 시스템을 구성할 필요가 있다. 이것은 기업지배구조와 관련해서 매우 중요한 주제다.

대리인 문제: 경영권을 가진 지배주주

산업의 발달이 우리보다 일찍 진행되어 전문경영인이 경영하는 기업이 많은 미국에서는, '주주와 경영자'의 관계에서 발생하는 '대리인 문제'가 기업지배구조에서 다루는 주된 문제이다. 그러나 국내에서 기업지배구조와 관련한 문제는, 주로 지배주주가 직접 CEO가 되어 경영을 하면서 (또는 법적인 책임을 지지 않는 비등기이사이지만 실질적인 의사결정을 하면서) 비지배주주들의 이익을 침해하는 데에서 발생한다.

바람직한 지배구조는 주주가 기업에 대해 지분율에 부합하는 권한과 책임을 갖는 구조다. 그런데 주식회사의 의사결정이 다수결로 이루어지다 보니 어느 수준 이상의 지분을 가지면 자신의 지분율을 초과하는 지배력을 행사할 수 있기 때문에 갈등이 발생한다. 정치에서 국회의 다수를 차지하는 당이 다른 당의 반대에도 불구하고, 머리수로 밀어붙여 법안을 통과시키는 것과 마찬가지다. 주주가 자신의 지분비율을 초과하는 지배력을

---

7 여기서 주인(主人)은 한자로는 동일하지만 소유권을 가진 사람(owner)을 의미하는 것이 아니라, 대리인에게 일을 시키는 사람(principal)을 의미하는 것임에 유의한다.

8 대리인 문제는 경영자와 주주 사이뿐만 아니라 일을 시키는 사람과 하는 사람이 있는 곳이라면 어디든지 발생하는 문제이다. 일용직 건설 노동시장에서도 관리자가 없으면 일을 덜 열심히 하게 된다. 식당에서 아르바이트를 할 때에도 주인이 없으면 일을 덜하게 된다. 회사에서도 상사가 휴가를 가거나 출장을 가면 부하직원들이 느슨하게 근무를 하곤 한다.

기업의 가치를 높이는 데에 사용하는 것이 아니라, 사익을 위해 사용하는 데에서 문제가 발생하는 것이다.

의결권과 배당권의 괴리(소유와 지배의 괴리)

다음 그림을 보면서 어떠한 구조로 지분비율 이상의 지배력을 행사할 수 있는지, 소유와 지배의 괴리로 인해 어떤 문제가 발생하는지 이해해 보도록 하자.

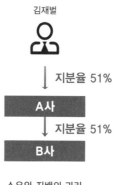

소유와 지배의 괴리

주식회사에서는 소유한 지분의 비중에 따라 배당을 받을 권리(배당권)가 있다. 예를 들어 김재벌 회장이 A회사의 주식을 51% 가지고 있다고 하자. 이 경우 김재벌 회장은 A회사의 이익이 100억 원일 때, 51억 원을 받아갈 수 있다.

한편 A회사는 B회사의 주식을 51% 가지고 있다. 따라서 B회사의 이익이 역시 100억 원이라면 A회사는 51억 원을 가져갈 수 있다. 그렇다면 B회사의 이익 100억 원 중에서, 51억 원이 A회사의 몫이 되고, 이 51억 원의 51%인 26억 원이 김재벌 회장의 몫이 된다. 즉 배당권 측면에서 김재벌 회장은 B사 이익에 대해 26%의 배당을 받을 권리를 가지고 있다.

그렇다면 김재벌 회장은 A회사와 B회사의 의결권을 얼마나 갖고 있을까? 다수결로 해 과반수이면 따라야 한다고 했을 때, 김재벌 회장은 A회사의 주식을 51% 가지고 있으므로 과반수의 의결권을 가지고 있다. 따라서 김재벌 회장은 A회사의 의사결정을 자기 마음대로 할 수 있다.

B회사에 대해서도 마찬가지다. A회사는 B회사의 주식을 51%, 과반수의 의결권을 가지고 있기 때문에 B회사의 의사결정을 마음대로 할 수 있다. B회사의 의사결정은 A회사가 마음대로 할 수 있고, 다시 A회사의 의사결정은 김재벌 회장이 마음대로 할 수 있으니 의결권 측면에 있어서는 김재벌 회장이 B사의 의사결정에 대해 100%의 권리를 가진 것과 마찬가지다.

실질적으로 김재벌 회장이 B회사에 대해 소유한 지분의 권한은 51%×51%=26.01%로서 B사가 100억 원 배당을 했을 때 26.01억 원을 받아갈 수 있다. 하지만 의사결정 측면에서는 100% 마음대로 할 수 있는 것이다. 이처럼 지분관계에 의해 소유와 지배의 괴리가 발생하며, 실제 소유지분을 나타내는 현금흐름을 받아갈 권한Cashflow Right과 지배하는 권리인 의결권Voting Right의 차이를 '소유 – 지배 괴리도Wedge'라고 말한다.

이 예시는 김재벌 회장, A회사, B회사의 경우만 생각했으나, 좀 더 많은 회사를 포함시키면 아주 적은 지분을 소유하고도 하위에 있는 회사를 마음대로 지배할 수 있다. 예를 들어, B회사 밑에 C회사와 또 그 밑에 D회사가 있고, 각각 51%의 지분을 소유한다고 하자. D회사에 대해 김재벌 회장은 사실상 $(51\%)^4 = 6.8\%$ 정도의 지분만 소유하고 있으나, 의사결정은 마음대로 할 수 있다. 몇 단계를 거치면 실질적으로 지분을 소유하는 비중은 거의 없음에도 자신이 마음대로 기업 전체의 의사결정을 할 수 있게 되는 것이다.[9]

'소유와 지배의 괴리'에서 비롯되는 문제는 실제 지분율보다 더 높은 수준의 의결권을 가진 특정 소유권자(지배주주)가 거래 관계에서 자신이 이득을 보기 위해 고평가된 의결권을 행사해, 다른 이해관계자들인 소액주주(비지배주주)들의 이익을 침해하는 것이다. 지배주주를 제대로 견제할 수단이 부족한 우리나라 기업지배구조의 주된 문제이다. 이런 갈등을 어떻게 관리할 것인지가 우리나라의 기업지배구조와 관련한 주된 사안이 된다.

기업지배구조 방식

기업의 목적을 생각해보면, 경영이 꼭 민주적이어야 할 필요는 없다. 오히려 가장 뛰어난 CEO가 주인의식을 가지고 조력을 받으며 독재를 하는 형태가 좋을 수도 있다. 훌륭한 독재자가 있는 조직은 더 크고 빠른 성취를 이룰 수 있다. 하지만 독재자가 늘 올바른 판단을 내릴 수는 없기에, 회사

---

9 따라서 몇 단계까지 피지배 회사의 설립을 허용할 것인지, 최종 소유자는 하위에 있는 회사들의 지분을 최소 얼마만큼 소유해야 할 것인지는 법률과 규제를 만들 때 항상 논란이 되는 중요한 문제다. 다른 주식회사의 주식을 소유해 지배하는 것을 주 사업활동 목적으로 삼는 주식회사를 지주회사(持株會社, Holding Company)라고 하는데, 2020년 공정거래3법 개정으로 기존 지주회사의 자회사·손자회사 지분율은 상장은 20%, 비상장은 40%까지 보유하도록 했던 것을 각각 10%씩 높여 30% 및 50%로 상향했다. 소유–지배 괴리를 줄이고자 하는 것이다. 다만 기존 지주회사는 제외되고, 신규 전환 지주회사에만 해당된다.

의 지배구조는 훌륭한 독재자를 뽑되, 독재자가 바른 판단을 하도록 유도하고 잘못된 선택을 막는 시스템을 구축하는 것에 초점을 둔다.

내부통제 방식

경영자가 주주를 위해 열심히 일하게 하는 방법에는 어떤 것들이 있을까? 경영을 맡겼을 때, 경영자가 다른 마음을 먹어 대충 일하거나 자신만의 이익을 위해 일하는 것은 경영자에 대한 감시monitoring를 보다 철저히 하여 막을 수 있을 것이다. 마치 배송 대행업체에서 배달원들의 배달시간을 관리하고, 배달된 횟수를 관리하는 것처럼 말이다.

주식회사는 경영자를 감독, 평가하며 경영자의 인사결정에 관여하고 조언도 하는 사람들의 모임인 이사회를 구성한다. 경영자의 독단이나 전횡을 막기 위해 이해 관계의 충돌이 있거나 중요한 의사결정은 이사회를 거치게 된다. 그리고 주식회사는 보통 회사 내부에 '감사' 또는 '감사위원회'를 두어서 경영자의 의사결정에 문제가 없는지, 부정을 저지르지는 않는지 감시한다.

그런데 이 같은 경영자 감시 체제는 채찍과 같은 것이다. 말을 달리게 하는 데에 채찍만 휘둘러서 될 것이 아니라 당근을 주어야 하는 것처럼, 경영자들도 감시받으며 억지로 일하는 것이 아니라 자발적으로 열심히 일할 수 있도록 해주어야 한다. 주주에게 이익이 되는 것이 경영자에게도 이익이 될 수 있도록 인센티브를 제시한다면, 경영자를 감시하지 않아도 스스로 주주에게 이익이 되도록 열심히 일할 것이다.

예를 들어 당기순이익 목표치가 100억 원인데, 목표치를 초과할 경우

초과하는 이익의 일부를 경영자가 보너스로 받을 수 있게 한다면 경영자는 더 열심히 일하고자 하는 마음이 생길 것이다. 경영자가 자신이 일하는 회사의 주식을 가지고 있거나, 주가가 올랐을 때 사전에 정해진 낮은 가격에 살 수 있는 권리인 스톡옵션stock option을 가지고 있다면, 경영자는 스스로의 보상을 위해 주가를 높이고자 열심히 일을 할 것이다. 이처럼 경영자에 대한 감시와 보상 등 회사 내부에서 경영자를 통제하는 방식을 내부통제 방식이라고 한다.

외부규율 방식

내부가 아니라 회사의 외부에서 경영자를 효율적, 효과적으로 일하게 만드는 체제도 있다. 주식시장은 경영자의 능력과 신뢰성에 민감하게 반응한다. 무능하고 신뢰할 수 없는 경영자가 이끄는 회사의 주가는 회사의 실적에 비해 낮게 매겨진다. 회사의 사업 자체가 아무리 좋아도 경영자를 믿을 수 없기 때문에 주가가 낮아지는 것이다.

금융시장이 발달한 경우 이런 기회를 노리는 투자자들이 있다. 경영자 때문에 가치가 낮게 평가된 기업의 주식을 대량 매입하여 의결권을 확보한 뒤 무능한 경영자를 내보내고 능력 있는 경영자를 자리에 앉히거나, 경영자를 견제 및 감시할 수 있도록 기업지배구조를 개선해 기업의 가치를 높여서 투자이익을 얻는 방식으로 투자하는 이들이다. '행동주의 펀드'라고 하는 투자자들이 주로 이렇게 투자를 한다. 경영자가 이러한 외부적 압력을 의식한다면 보다 정직하고 열심히 일을 할 동기가 생길 것이다.

2021년 도입된 이른바 '3%룰'로 불리는 감사위원회 위원 분리선출이 최초로 효과를 거둔 사례가 있다.[10] 사조오양 최대주주는 사조대림으로서 사조오양의 지분 60.53%를 가지고 있었다. 하지만 감사위원을 선임할 때에는 '3%룰'의 도입으로 의결권이 3%까지만 인정되었다. 그 결과 2022년 비지배주주를 대표한 사모펀드 운용사 차파트너스 측이 추천한 감사가 12.7%의 찬성률로 감사위원에 선임되었다.

소비자의 압력도 무시할 수 없다. 상품 시장에서 불매운동을 하는 것이 대표적이다. 남양유업은 유제품을 소비자에게 직접 판매하는 비중이 큰데, 경영자의 문제로 소비자들이 불매운동을 벌여서 이익이 크게 줄고 기업가

남양유업 실적 추이(단위: 억 원)

출처: 금융감독원

10 기존 상법에서도 '사외이사인 감사위원회 위원'을 선임할 때에는 최대주주의 영향력을 배제하고자 최대주주의 지분율이 아무리 높아도 3%까지만 인정하는 의결권 제한 규정(3%룰)을 두었다. 사외이사가 아닌 이사를 감사위원회 위원으로 선임할 때에는 더욱 엄격하게 규정하며 최대주주와 특수관계인의 지분을 합쳐서 3%만 인정한다. 기존 상법은 i) 먼저 이사회를 구성할 이사를 주주총회에서 선임한 다음에, ii) 이 중에서 감사위원을 선임하는 일괄선출방식이었다. i)에서 '모든 이사'를 일괄적으로 선임할 때에는 3% 의결권 제한이 없고 ii)에서 '감사위원'을 주주총회에서 선임할 때에 3%룰이 적용되었던 것이다. 그런데 i)에서 최대 주주가 원하는 사람들로만 이미 이사들을 구성하는 경우에는 ii)에서 3% 의결권 제한을 두어 감사를 선임하더라도 이미 최대주주의 편인 사람인 것이다. 이러한 문제점으로 개정된 상법에서는 적어도 감사위원 1명을 일반적인 이사와는 다르게 처음부터 별도로 분리하여 선출하는 것이다(분리선출방식). 즉 감사위원을 뽑을 때 처음부터 3% 의결권 제한을 두어 지배주주의 영향을 배제하려는 것이다.

치도 크게 감소했다. 그 결과 라이벌 관계였던 매일유업과 지위가 바뀌게 되었고 최대주주인 경영자가 사업을 매각하겠다는 의사를 표하기도 했다.

이처럼 지배구조와 관련된 것들은 어느 한 항목으로만 이루어지거나, 따로따로 영향을 미치는 것이 아니라 복합적으로 작용한다. 이사회, 내부감사, 보상체계에 의한 감시와 같은 내부통제 방식과 자본, 금융, 상품, 노동시장을 통한 외부규율 방식 등 지배구조와 관련한 여러 방안들이 한데모여 경영자가 주주를 위해 의사결정을 하도록 하는 구조system를 이루는 것이다. 그렇기 때문에 기업지배'구조'라는 말을 쓴다.

기업지배구조의 핵심: 이사회

주식회사는 어떤 개인의 소유물이 아니라, 다양한 주주 공동의 이익을 담아낸다. 경영자에게 모두 맡기는 것도 문제가 있고, 수많은 주주가 있는 상황에서 주주총회에서 모든 것을 결정할 수도 없으므로, 주주들은 중간에 이사회라는 주주의 대표기관을 둔다. 이사회는 말 그대로 '이사'들의 모임으로서 이들이 주주들을 대신해 회사의 중요한 의사결정에 관여하고 경영자를 감시하고 조언하는 역할을 한다.[11]

주주는 이사회에 많은 것을 위임한다. 법령 및 정관에 주주총회의 권한으로 지정되어 있는 사항들 이외의 업무집행에 관한 모든 사항에 대한 의사결정은 이사회가 한다. 따라서 일상적인 사안은 경영자 수준에서 결정

---

11 국내 상법에 따르면 이사와 회사의 관계는 위임관계고, 수임인은 항상 위임자의 이익을 위해 행동할 것이 요구된다. 즉 이사와 '주주'의 위임관계가 아니라 이사와 '회사'의 위임관계로 규정되어 있다. '참고: 이사의 충실의무와 상법 개정'에 관련한 내용을 설명했다.

하되 사업계획의 채택이나 수정, 예산 수립과 승인, 경영성과 평가, 고위 경영진의 임명과 해임 및 보상, 회사 규모와 비교해 상당한 수준(예; 연 매출액의 5%를 초과) 이상의 유무형 자산 취득이나 처분, 사업의 취득과 처분 같은 투자 의사결정, 전략적인 제휴나 파트너십 체결과 같은 중요한 사안들은 이사회에서 결정한다. 주로 기업의 전략과 계획을 수립하고 기업의 운영에 대해 관리, 감독하는 역할을 수행하는 것이다.

이사회를 지배하면 회사의 거의 모든 중요한 의사결정을 장악할 수 있다. 이른바 경영권을 가지는 것이다. 영화나 TV드라마에서 주인공이 암투를 벌여 이사회를 장악하고 기존 경영자를 쫓아내는 것을 본 적이 있을 것이다. 실제로 애플의 설립자인 스티브 잡스가 1985년 이사회의 결정으로 주요 보직을 박탈당하고 애플을 떠난 것은 이사회의 막강한 권한을 잘 보여준다.

이사회의 구조

우리나라의 주식회사 이사회는 일반적으로 '대표이사+이사' 체제로서, 감독보다는 업무집행에 기울어져 있다. 기업지배구조는 국가마다 다르다. 미국처럼 '이사회 의장+이사+집행임원' 체제를 선택할 수도 있다.[12] 집행임원officer들이 사내 고위 경영자로서 업무를 수행하고, 이를 이사들이 감시하는 체제다. 이사의 감독 역할에 중점을 두는 체제이나 이사가 집행임

---

12 회사는 집행임원을 둘 수 있다. 이 경우 집행임원을 둔 회사는 대표이사를 두지 못하되 이사회 의장을 두어야 한다. 집행임원 설치회사의 이사회는 집행임원과 대표집행임원을 선임 · 해임하고 업무집행을 감독하는 권한이 있다(상법 제408조의 2.)

원을 겸할 수는 있다. 따라서 실질적인 운영에 있어 둘의 차이는 크지 않다. 일단 기본이 되는 미국식 기업지배구조를 중심으로 알아보자.

주주들은 각자 소유한 주식수에 비례해 회사에 대해 자신의 몫(지분)을 가지고 있다. 국민들이 투표를 통해 자신들을 대리할 국회의원을 선출하고 이들의 모임이 국회가 되는 것과 같이, 주주들은 주주총회 결의를 통해서 이사Director들을 선임한다.[13] 이사회BOD, Board of Directers는 이사들의 모임으로서 전체 주주들의 이익을 대변하는 역할을 해야 한다. 이들은 주주를 대표해 회사의 주요한 사안들을 결정할 경영자를 선임하는데, 회사 내의 대표 경영자를 CEOChief Executive Officer라 한다. 국내에는 회사를 대표하는 '대표이사'가 CEO 역할을 병행하는 것이 일반적이다.

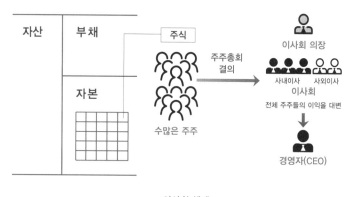

이사회 체제

이사는 사내이사와 사외이사로 구분된다. 일반적으로 회사의 업무를 담

---

13 여기서의 이사는 상법상 이사회를 구성하는 사람들을 일컬으며, 법적으로 '이사'라고 등기가 되어 있는 사람들을 말한다. 사내에서 전무이사, 상무이사 등을 일컬을 때의 이사와는 차이가 있다.

당하는 이사를 사내이사라고 하며, 회사에서 업무를 집행하는 이사라는 의미에서 집행이사Executive Director라고도 한다.

　과거 이사회를 구성하는 사람들은 CEO와 회사의 고위 임원들이었다. 회사의 업무에 대해서 잘 알아야 하기 때문이었다. 그런데 실제 업무를 하는 사람들이 이사회를 구성하게 되었기 때문에 평가와 감시도 스스로 하게 되는 문제가 있었다. CEO가 잘못된 의사결정을 내려도 견제하기 어려웠다. 비록 이사회에서는 동등하게 이사라고 할지라도 사내이사들은 회사에서 CEO의 지시를 받는 부하직원들이었기 때문이다.

　따라서 CEO의 영향을 받지 않고 독립적인 의견을 내어 주주들의 이익을 대변해 줄 회사 바깥의 능력 있고 독립적인 사람을 이사로 추대하게 되었다. 이들을 사외이사Outside Director, 독립성을 강조하는 의미에서 독립이사Independent Director라고 한다. 회사에서 근무하는 사람들이 아니라 회사 외부의 사람이 본업과 별개로 회사의 이사 업무를 맡는 것이다.

　이사회는 이사회 의장Chairman, Chairman of the board of directors을 뽑는다. 이사회 의장은 회사의 중요한 의사결정을 하는 이사회의 리더로서 이사들을 이끌어 이사회를 진행한다. 이사회에서 논의할 안건들을 상정하고, CEO를 비롯한 경영진과 논의해 이사회에서 어떤 사안들을 어떤 순서로 논의할 지 등을 결정한다. 즉 경영진과 이사회 사이에서 이사회를 효과적으로 이끄는 중요한 역할을 맡는다.

　CEO와 이사회 의장은 겸직할 수 있다. 미국의 경우 과거에 경영자가 이사회 의장을 겸하는 것이 일반적이었다.[14] 그러나 회사를 건전하게 운영하기 위해서는 독단적인 의사결정을 견제하고 비판적인 의견이 나올 수 있어야 한다. 하지만 실제 경영을 담당하는 사내이사, 그 중에서도 경영의 책임자인 CEO가 이사회 의장을 겸하고 있는 경우에는 이사들이 적극적인 의견을 펼치기가 어렵다. 또한 감독 및 관리의 대상이 되는 CEO가 감독 및 관리를 하는 주체인 이사회의 운영을 의장으로서 주도하면 자신이 한 일을 스스로 감독하는 문제가 발생해 제대로 된 감시를 하기가 어려워진다.

이처럼 CEO가 이사회 의장을 겸직하면 CEO의 권한이 지나치게 강해져 이사의 독립성을 저해한다는 문제점과, 자신이 책임져야 하는 일을 자신이 감독하는 모순된 역할상의 문제로 이제는 이사회 의장을 겸하지 않도록 하는 것이 바람직한 지배구조로 여겨지게 되었다. 과거 바람직한 것으로 여겨졌던 지배구조가 시간이 지나며 나쁜 것으로 여겨지기도 하는 것이다.

오늘날에는 CEO가 아닌 사람이 이사회 의장이 되도록 권고하는 것이 선진 관행이다. 만약 CEO가 이사회 의장을 겸직하는 경우에는 독립적인 사외이사들 가운데 한 명을 사외이사의 리더로 임명하도록 하고 있다. 이처럼 이사회 의장이 아니라, 사외이사들의 대표 역할을 하는 이사를 선임이사lead director 또는 주재이사presiding director라고 일컫는다.

이사회 안에는 전문적인 위원회가 있다. 이사들이 한 번에 모두 만나는

14 미국에서 최고경영자 사장직과 이사회 의장을 겸직하는 경우 Chairman, President & CEO와 같이 직함을 표기한다. 애플에서 스티브 잡스의 타이틀은 Co-founder, Chairman and CEO of Apple Inc.였다.

것이 쉽지 않고 모든 이사들이 사안마다 전문성을 가질 수는 없기 때문이다. 상장회사들은 기본적으로 이사회 내의 소위원회로서 감사위원회, 이사후보추천위원회, 보상위원회를 두고 있다.

감사위원회는 회사에서 부정한 업무는 없는지, 규정과 법률의 준수는 적합하게 이루어지는지, 재무정보는 제대로 만들어지고 있는지 등을 감시하는 역할을 한다.

이사후보추천위원회에서는 이사회에 새로 들어 올 이사후보를 추천한다. 이사후보추천위원회에서 추천한 이사에 대해 주주총회에서 동의를 얻으면 그 사람이 이사가 되는 것이다.

보상위원회는 고위 경영자의 보상을 결정한다. 경영자들은 단순히 정해진 금액의 연봉을 받는 것이 아니라 보너스, 스톡옵션(주식매입선택권) 등 다양한 형태의 보상 패키지를 받는다. 우수한 경영자를 회사에 유지하는 한편 이들이 보다 열심히 일할 동기(인센티브)를 제공하기 위함이다. 단순히 정해진 금액만을 보수로 받는다면 굳이 열심히 일하고자 하는 마음이 생기지 않을 수 있다. 경영진의 의사결정에 의해 회사의 성과나 가치가 성장하는 것과 비례해 경영자가 보상을 받을 수 있다면 경영자가 보다 성실하고 진취적으로 일을 할 마음이 생길 것이다.

세부적인 지배구조가 어떠한 형태이든지간에 이사회에서 중요한 의사결정을 독립적이고 전문적인 입장에서 하지 않는다면 회사에 문제가 생길 것이다. 회사 내부의 부정부패를 감시할 능력을 가지지 못하고, 우수한 이사를 영입하는 것이 아니라 친한 사람이나 말을 잘 들을 사람을 이사로 영입하고, 경영진에게 성과와 무관하게 후한 보상을 하는 것은 회사의 가치에 해가 된다.

　제대로 구성되고 작동하는 이사회를 갖추는 것이 기업지배구조의 핵심적인 부분이라고 할 수 있다. 그러나 우리나라에서는 이사회가 주주나 회사를 위해 독립적으로 일하는 것이 아니라, 실질적으로 지배주주가 이사회를 지배하고 경영을 마음대로 함으로써 지배구조의 문제가 발생하는 경우가 많다.

지배주주의 비지배주주 이익 침해

　앞서 김재벌 회장의 사례로 설명했던 소유와 지배의 괴리 문제를 상기해보자. 여기서 수치를 조금만 바꾸어 보면 지배주주가 어떻게 비지배주주의 이익을 침해할 수 있는지 알 수 있다.

　이번에는 지배주주인 김재벌이 A사의 주식을 20% 소유하고 있다. 그

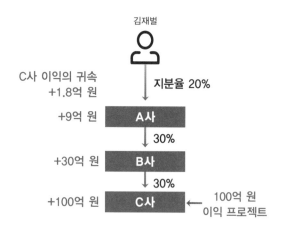

리고 A사는 B사의 주식을 30%, 다시 B사는 C사의 지분 30%를 가지고 있다. 이 회사들은 상장된 회사로서, 나머지 주식들은 다른 주주들이 분산하여 보유하고 있지만 김재벌보다 많은 지분을 소유한 주주는 없다. 비지배주주들은 주주투표 등에 적극적으로 참여하지 않으므로 현실에서도 이 정도의 지분으로 회사의 의사결정을 지배주주의 마음대로 할 수 있다.

C사가 직접 하거나 외주를 주었을 경우, 100억 원의 이익이 남는 좋은 사업기회가 있다고 하자. 이 사업으로 C사는 100억 원의 이익을 얻어서, 30%에 해당하는 30억 원은 B사에, 70억 원은 C사의 나머지 주주에 배당할 수 있다. B사는 30억 원 중 30%인 9억 원은 A사에 배당하고 21억 원은 B사의 나머지 주주에게 배당할 수 있다. 다시 A사는 김재벌에게 9억 원의 20%인 1.8억 원을 배당하고 6.2억 원은 A사의 나머지 주주에게 배당할 수 있다. 즉, C사 이익 100억 원 중 1.8억 원은 김재벌에게 귀속되고 98.2억 원은 A, B, C사의 주주들에게 귀속된다.

그런데 김재벌이 영향력을 행사해 C사에게 이익이 될 프로젝트를 자신

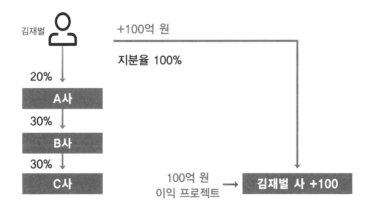

이 지분 100%를 소유한 K사에게 주어 100억 원의 이익을 올리면 어떻게 될까? 이 경우 김재벌 혼자서 100억 원의 이익을 고스란히 차지할 수 있다. 원래 본인 몫 1.8억 원에 나머지 주주 몫 98.2억 원을 빼앗아 가는 것이다. 따라서 김재벌 자신의 지분이 적은 A, B, C사에 이익이 되는 의사결정을 하는 것보다 A, B, C사에게는 손해가 되더라도, 그저 K사에 이익이 되는 방향으로 의사결정을 할 가능성이 더욱 크다. 이른바 '통행세' '일감 몰아주기'로 알려진 것들이 대표적인 예이다.

지배주주가 직간접적으로 기업들의 지분을 적게 가지면서 높은 의결권을 행사하는 지배구조는 한국기업이 배당을 적게 주는 원인이 되기도 한다. C사가 100억 원을 배당해봐야 김재벌에게 돌아가는 최종배당금은 1.8억 원에 그친다. 김재벌로서는 1.8억 원을 배당받기 보다는 100억 원을 C사에 그대로 두고 C사를 키워서 자신의 마음대로 하는 편이 낫다. 심지어 상속이나 증여를 할 때에 세금을 덜 부담하기 위해서 의도적으로 회사의 가치를 낮추기 위한 행위들을 하기도 한다. 배당을 주지 않는 것도 회사의 가치를 낮추는 방법이기도 하다.

한국기업 주식이 저평가를 받는 큰 원인으로 기업의 지배구조문제가 지목된다. 상장회사에서 다른 비지배주주의 이익을 해치고 지배주주의 이익이 되는 의사결정이 이루어지는 경우가 많다. 지배주주가 회사가 벌어들일 돈을 여러 방법으로 빼내거나, 회사가 많은 이익을 벌어들이고 있음에도 배당을 주지 않고 있다. 나머지 주주들이 이에 항의를 해도 다수결에서 밀려서 영향력을 미치지 못하고 있다. 회사의 사업이 실제로 좋고 이익을 잘 내고 있어서 회사 가치가 분명히 높을 것으로 판단하여 주식을 매입했어도, 미심쩍은 거래들이 있고, 아무리 기다려도 배당을 주지 않고 앞으로도 줄 것 같지 않다면, 그리고 이러한 측면을 개선할 제도적인 방법이 없다면 그 주식을 들고 있어서 얻을 것이 없다.

최근 10여년은 기업 집단들이 지주회사 체제로 전환하면서 비지배주주의 이익을 해치고 지배주주에 이익이 되는 방식으로 기업들을 쪼개고 붙이는 행위가 주된 문제가 되었다. 그 과정에서 실망한 비지배주주들은 주식을 팔게 되었고, 자연스레 주가도 떨어졌다. 사업적으로 좋은 회사임에도 불구하고 시장에서 낮은 가치로 평가되는 것이다. 지배주주가 사적인 이익을 위해 회사의 의사결정을 내려도 이를 견제할 방법이 충분하지 않기에, 한국 주식이 인기가 없는 것이다.

코리아 디스카운트

어떤 회사의 자산이 1,000억 원의 가치가 있다고 하자. 갚아야 할 부채가 400억 원이 있다면, 주주의 몫은 600억 원이다. 그런데 시가총액(시장에서 거래되는 주식의 가격×주식수)이 100억 원일 때, 이론상 100억 원이 있으면 그 회사의 주식을 모조리 사서 완전히 자신의 것으로 만들 수 있다. 주식을 모두 가지면 회사의 의사결정을 마음대로 할 수 있기 때문에, 회사의 재산을 팔아 1,000억 원을 마련해 400억 원의 부채를 갚고도 600억 원이 남는다. 100억 원을 투자한 것이 600억 원이 되는 것이다. 회사 지분의 실제 가치인 600억 원에 비해서, 주식시장에서 평가받는 지분의 가치

100억 원은 너무 낮아 보인다.

　실제로 주식시장에는 이런 회사가 많이 존재한다. 회사가 지닌 부동산의 가치만 해도 수조 원에 달해, 부채를 모두 갚고도 조 단위의 돈이 남는 회사의 시가총액이 불과 수천억 원에 머무는 회사도 있다. 이처럼 우리나라에서 실제 기업의 가치에 비해서 주가가 유독 낮게 평가되는 경우가 많

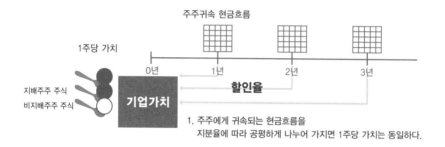

1. 주주에게 귀속되는 현금흐름을
　 지분율에 따라 공평하게 나누어 가지면 1주당 가치는 동일하다.

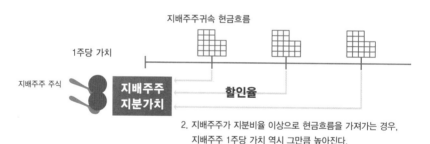

2. 지배주주가 지분비율 이상으로 현금흐름을 가져가는 경우,
　 지배주주 1주당 가치 역시 그만큼 높아진다.

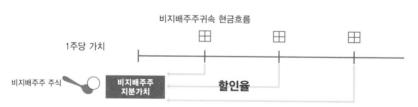

3. 반면 비지배주주는 지분비율보다 낮은 현금흐름을 받아
　 비지배주주 1주당 가치는 감소한다.

은 현상을 코리아 디스카운트Korea discount, 한국 기업에 대한 할인라고 한다.[15]

우리나라 기업 가치가 낮게 평가되는 이유는 무엇일까? 북한의 위협, 자원 부족으로 원재료를 수입하여 가공하는 수출 위주의 경제구조로 인한 불확실성, 주요 산업자체의 변동성 등 여러 이유가 있으나, 가장 중요한 이유로는 지배구조의 문제가 있다. 지배주주가 자신에게 이익이 되는 쪽으로 회사를 이끌어 주식에 투자하는 비지배주주들의 이익을 해치는 문제를 일으키기 때문이다.

주주 입장에서 주주지분 가치는 이론적으로 주주가 회사로부터 받을 수 있는 미래의 현금흐름을 현재가치로 할인해 합계한 값이다. 주주에게 귀속되는 현금흐름을 지분율에 따라 공평하게 나누어 가지면 1주당 가치는 동일하다.

그러나, 지배주주가 지분비율 이상으로 회사가 창출하는 현금흐름을 가져가는 경우, 지배주주 1주당 가치는 그만큼 높아진다. 지배주주가 회사의 CEO로 재직하면서 과도한 보상을 받거나, 자신과 일가에게 이익이 되는 거래를 통해 회사의 현금흐름 중 상당 부분을 가져가면 비지배주주는 회사로부터 지분비율보다 낮은 현금흐름을 받아 비지배주주 1주당 가치는 감소한다. 따라서 같은 주식일지라도 지배주주가 가진 주식의 가치가 비지배주주가 가진 주식의 가치보다 실질적으로 더 높은 것이다.

예를 들어 기업의 이익을 정상적으로 주주들에게 돌려주면 주당 1,000원의 배당을 매년 줄 수 있지만, 지배주주가 배당을 100원씩만 주고 있다

---

15 본래는 한국 제품이 낮은 브랜드 이미지로 인해 해외에서 낮은 가격에 판매되던 현상을 일컫는 말이었으나, 오늘날엔 한국 기업의 주식가치 저평가에 대해 사용된다.

고 하자. 앞으로도 배당을 늘릴 가능성이 거의 보이지도 않으며, 지배주주를 견제할 방안조차 없어 보이기까지 한다. 소액주주는 이런 회사에 투자를 해 봐야 매년 100원의 배당수익만 기대할 수밖에 없으므로 주식의 가치를 낮게 평가한다.

지배주주는 경영권을 유지하기 위해 주식을 팔 생각이 없으므로, 시장에서는 주로 비재배주주의 지분만이 거래된다. 따라서 이 회사의 주식은 시장에서 비지배주주의 평가에 영향을 받아 낮은 가격에 거래된다. 지배주주 입장에서는 주가가 오르든 말든 문제가 되지 않는다. 심지어 상속을 할 때에는 주가가 낮은 편이 유리하기도 하다.

지배주주는 주식을 소유하고 있을 때 해당 회사로부터 보수나 거래관계로 가져올 수 있는 가치가 시장 가격에 그 주식을 팔았을 때보다 더 높기 때문에 절대 자신의 주식을 시장 가격에 팔 생각이 없다. 이들의 지분을 사고자 한다면, 시장 가치에 웃돈을 더해야 할 것이다. 즉, 프리미엄을 포함한 가격이 지배주주가 생각하는 회사의 가치에 가까운 수치가 될 것이다.[16] 우리나라 기업의 높은 경영권 프리미엄은 비지배주주들에게 제대로 대가를 주지 않고 비지배주주의 이익을 침해하면서 얻는 지배주주의 상대적인 이득을 일정 부분 반영하는 것이다.

요약하자면, 우리나라 기업지배구조문제는 오너(지배주주이면서 경영자)가 일가의 이익을 위해서 다수 주주의 이익을 해치는 의사결정을 하고, 이

---

16 기업의 가치를 평가하는 재무 이론 모형의 근간은 기업가치가 '미래 배당 현금흐름의 현재가치의 합'이라는 것이다. 소액주주 입장에서 배당을 받을 수 있을 것으로 기대할 수 있는 현금흐름이 극도로 작다면 당연히 그 기업의 가치를 낮게 평가할 수밖에 없다. 반면 지배주주 입장에서는 기업을 통해서 창출할 수 있는 현금흐름은 높기 때문에 지배주주가 바라보는 기업의 가치는 더 높다고 해석할 수 있다.

사회가 유명무실하여 이러한 행위를 막지 못하며 문제가 발생했을 때 비지배주주들이 경영자나 이사진에게 책임을 묻기 어렵다는 점이 공통적으로 등장한다.

참고: 이사의 충실의무와 상법 개정

이사는 주주의 이익을 대변한다고 설명했다. 하지만 상법에서는 이사회의 구성원인 이사와, 감사는 주주와 위임관계가 있는 것이 아니라 회사 법인 자체와 위임관계에 있다는 것으로 해석한다.

법적으로 이사의 의무는 '주의 의무'와 '충실 의무'가 근간을 이룬다.

민법 제681조(수임인의 선관의무) 수임인은 위임의 본지에 따라 선량한 관리자의 주의로써 위임사무를 처리하여야 한다.

상법 제382조의3(이사의 충실의무) 이사는 법령과 정관의 규정에 따라 회사를 위하여 그 직무를 충실하게 수행하여야 한다.

선관의무는 선한 관리자의 주의의무善管注意義務로서 '수탁자의 의무'로 번역하기도 한다. 우리나라 상법 개정과 관련해 등장하는 이슈는 이사의 충실의무의 대상이 '주주'가 아니라 바로 '회사'라는 점이다. '주주'에 대한 충실의무는 없기 때문에, 이사가 '주주'에게 피해를 입히는 행위를 했더라도 '회사' 차원에서 영향이 없는 경우에는 이사에게 책임을 물을 수 없다. 즉 이사가 주주에게 손해를 끼치더라도 회사에 피해가 없으면 배임으로 보지 않는다는 지적이다.

일반적으로 회사의 가치를 높이는 의사결정을 하면 주주 몫의 가치도 높아지기 때문에 회사의 이익과 주주의 이익이 불일치하는 경우는 별로 없다. 그러나 회사 법인 자체의 입장에선 손해가 아니지만 일부 주주 입장에서 손해인 경우도 있어서 법적인 공방이 발생하기도 한다.

특히 최근에는 합병이나 분할 과정에서 비지배주주의 몫이 지배주주인 회장 일가의 몫으로 이전되는데, 이사회가 견제하지 않는다는 지적이 계속되고 있다. 제기되는 문제는 비지배주주의 부를 지배주주에게 몰아주어 비지배주주가 피해를 입더라도, 주주 사이에서만 부를 옮기는 것이기 때문에 회사 차원에서는 영향이 없다는 것이다. 법적으로 '회사의 이익'을 강조하는 것이 이사들로 하여금 지배주주가 비지배주주 이익을 침해하는 의사결정에 대해 경각심을 가지지 못하게 되는 원인일 수 있다.

이같은 문제점에 대해 2020년 한국기업거버넌스포럼은 '회사를 위하여 직무를 충실히 수행하여야 한다'라고 적시돼 있는 부분을 '회사와 총 주주를 위하여'로 개정하는 의견을 제시했고, 이후 2022년 3월 발의된 상법 일부개정안에서는 '주주의 비례적 이익과 회사를'로 개정하는 안이 제시되었다. 지분을 많이 가진 주주와 적게 가진 주주간의 형평성을 고려하는 방향으로 개정안이 제시된 것이다.

개정안이 제시된 취지는 지배주주와 비지배주주의 이익을 함께 고려하라는 의미이지만, 단순히 주주의 지분율에 머무는 것이 아니라, 단기투자자와 장기투자자같이 균일하지 않은 주주의 비례적 이익을 고려한 적극적인 의미로 해석한다면 어쩌면 그동안 논의되었던 주주 중심 지배구조의 한계를 극복할 수 있는 법적 근거가 될 수도 있을 것이다.

참고로 이사의 충실의무가 회사에 대한 것으로 규정된 법이 한국에만 있는 특이한 것이 아니라 일반적인 것이며, 특정 주주에게만 이익이 되는 의사결정은 반드시 회사에 손해를 입히는 과정을 수반하기에 현재처럼 '회사를 위하여'로 충분하다는 법학자들의 지적이 있다.

6장

우리나라 기업지배구조 현황

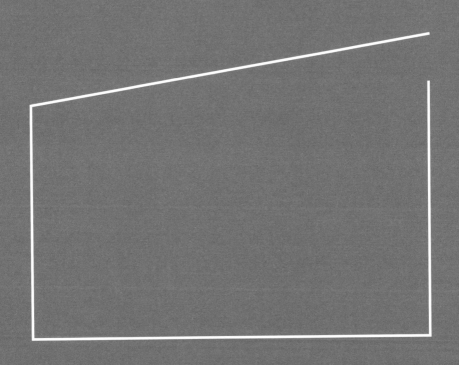

실질과 형식의 불일치

우리나라 기업들의 지배구조 문제에 대해 알아보다 보면 유독 혼란스러운 부분들이 생긴다. 여러 주체들이 사용하는 용어가 명확하게 정의되지 않고 쓰이고 있으며, 동일한 용어에 대해서도 일상적인 의미와 법적인 의미에 차이가 있기 때문이다.

이사, 대표이사, CEO, 회장, 사장, 경영자, 임원, 의장, 감사 등의 용어는 일상에서 흔히 접할 수 있다. 많은 부분이 상법을 비롯한 법규에 규정되어 있지만, 개념에 대한 명확한 규정이나 정의가 없이 사용되기도 하며, 다른 나라에서 사용되는 개념과 혼합되어 적당히 사용하는 경우들도 많다.

국내법과 해외 각국 법체계의 차이를 짚어가면서 구체적으로 비판하는 법학 논문들이 있지만 우리는 학문적인 논의를 하는 것이 목적이 아니므로 기업지배구조 문제를 논할 때 혼란을 피할 수 있을 정도의 수준에서 기본적인 개념을 살펴보고, 관련 용어를 정리해보자.

이사(상법상)와 전무이사, 상무이사는 다르다

앞서 주식회사 지배구조의 핵심은 '이사회'라고 했다. 여기서 '이사'라는 용어에 대해 살펴보자. 법적인 '이사'라는 용어와 실무적으로 사용되는 '이사'에 차이가 있기 때문에 종종 혼란이 발생한다.

흔히 회사에서 사장 이하 높은 지위에 있는 경영진들에 대해 '전무이사' '상무이사'와 같은 호칭을 사용한다. 회사에서의 지위가 높고, 중요한 경영상 의사결정을 하고, 호칭에도 '이사'가 붙어있으니 당연히 이들은 이사회의 구성원인 것처럼 보인다. 그러나 기업지배구조에서 말하는 이사는 등기가 된 '등기이사'를 지칭한다.

등기登記라는 행위는 법적으로 인정받기 위해 다른 사람들도 알 수 있도록 공적인 장부에 기록하는 행위를 의미한다. 즉 등기이사란 공식적인, 법적인 이사라는 의미다. 일반적으로 이사라는 말이 워낙 쓰이다 보니 아예 구분을 확실하게 짓기 위해서 등기이사라는 용어를 사용한 것이다.

상법에서 이사에 관한 규정은 모두 주주총회에서 이사로 선임되어 등기된 등기이사에 관한 것이다. '이사회를 구성하는 이사' 역시 등기이사를 말한다. 등기이사들이 주식회사의 의사결정에 책임을 져야 하는 상법상의 이사다. 즉, 회사의 전무이사나 상무이사들은 이사라는 이름을 달고 있지만, 등기 여부에 따라 이사회의 구성원일 수도, 아닐 수도 있다.

이와 같은 혼란은 '박사'와 비교해 보면 이해하기가 쉽다. 우리는 주변에서 어떤 질문이든지 척척 답을 해주는 사람에게 '척척박사'라는 말을 쓰기도 하고, 수학을 잘 하는 사람에게 '수학박사'라든지, 영어를 잘 하는 이에게 '영어박사'라는 말을 쓰면서 칭찬하기도 한다.

이처럼 일상에서 무언가를 잘 알고 잘 하는 사람에게 박사라고 일컫는 것은 흔한 일이다. 하지만 실제로 박사博士, Ph.D.는 대학교나 학술전문연구기관에서 부여하는 학위를 취득한 사람을 말한다. 박사라고 했을 때 진짜 박사가 있고, 그렇지 않은 박사가 있는 것이다.

"김철수씨는 척척박사"라고 할 때 김철수씨는 정말로 어느 특정 분야에 박사학위를 가지고 있는 사람일 수도 있고, 그렇지 않을 수도 있다. 전무이사, 상무이사도 마찬가지다. 회사에서 이사님이라고 불리기는 하지만 이들은 실제로 '상법상 등기된 이사'일 수도 있고, 아닐 수도 있다. 회사에서 쓰는 이사란 호칭과 지배구조에서 다루는 상법상 이사의 의미가 다른 것이다.

임원(상법상)과 회사 고위 임원은 다르다

이사와 마찬가지로 '임원'도 유의해서 써야한다. 일반적으로 우리는 회사의 고위 경영인을 임원이라고도 한다. 회사에서도 전무이사, 상무이사를 임원으로 분류하기 때문에, 임원과 이사는 서로 헷갈리는 용어다. '임원진'

'이사진' 같이 통틀어서 말할 때에 같은 집단을 이야기하는 것처럼 보이기도 한다.

일반적으로 임원은 회사의 영업전반을 총괄적으로 처리하는 사람을 일컫는다. 그러나 임원 역시 상법상 규정이 존재한다. 상법상으로 임원이란 주식회사에서 업무를 집행, 감시, 감독하는 이사회를 구성하는 이사(대표이사 포함)와 감사를 지칭한다. 즉, '상법상 임원=상법상 이사+(사내)감사'를 의미해 임원이 이사를 포괄하는 조금 더 큰 개념이다.[1]

이사는 이사회를 구성하는 사람이며, 감사Auditor는 이사들이 제대로 업무를 집행하고 있는지, 기업의 내부통제나 회계는 제대로 이루어지고 있는지 등을 감시하는 역할을 한다.[2] 문제가 있으면 지적하고 주의를 준다. 주식회사는 반드시 감사 또는 감사위원회를 두어야 하며, 감사는 주어진 권한으로 의무를 다하기 위해 성의껏 일해야 한다. 만약 적절한 주의를 하지 않아 회사가 손해를 입었을 때에는 책임을 질 의무가 있다.

정리하자면, 기업 내부에서는 회장, 부회장, 사장, 부사장, 전무, 상무 등으로 구분해 호칭이 관리되고 있지만 이들이 모두 법적으로 등기임원인 것은 아니다. 보통 이들 중 상위계층 일부만 등기임원이다. 흔히 기업의 고위직을 임원이라고 부르지만 상법상으로 임원인 경우는 이들 중에서 이사회에 속하는 '등기이사'와 '감사'만 해당되는 것이다.

---

1 상법 제382조 제2항.
2 참고로 기업의 재무제표나 내부회계관리제도에 대해 외부 전문가인 공인회계사가 수행하는 감사를 외부감사라고 한다. 내부감사와 혼동하지 않도록 하자.

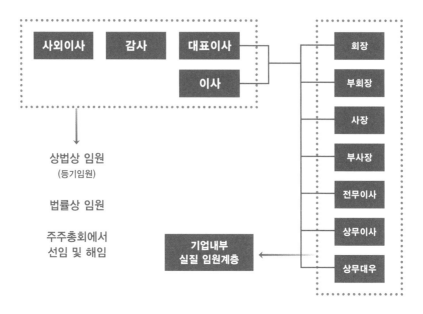

'임원'의 종류

출처: 정종태, "임원", 2015.

대표이사(상법상)와 CEO는 다르다

대표이사, 이사회의장, 총수, 회장, 사장, CEO 같은 말들도 비슷하면서 도 헷갈리는 용어들이다. 이러한 용어들은 함께 쓰이기도 하고 따로 쓰이 기도 한다. 먼저 대표이사와 CEO에 대해 알아보자.

대표이사

우리나라에서 주식회사의 대표이사는 내부적으로 회사 업무의 총책임 자, 즉 CEO의 역할을 하며 대외적으로 회사를 대표한다. 일반적으로 우리나라에서는 '대표이사'와 'CEO'를 같은 의미로 생각하는데 둘의 차이는 있다. 영국이나 미국에서는 CEO^{Chief Executive Officer}라는 말을 용어 그대로 사내의 최고 의사결정자, 최고 업무집행자라는 의미로 사용하되, 대외적으로 법인인 주식회사를 대표하는 개인으로서 대표이사를 따로 두지는 않는다. 따라서 대표이사를 대표의 의미를 포함해 Representative Director로 번역하면 영미권에서 그 의미를 바로 알기 어렵다.

회사에서는 정관의 규정으로 회장, 부회장, 사장 등의 이름이 붙은 고위 경영자를 두는 일이 많지만 이들이 곧 대표이사는 아니다. 주주총회에서 이사로 선임이 되고, 이사회에서 대표이사로 선임되어야 한다.[3] 주식회사는 특정 개인이 회사의 주인이 아니고, 이사회 또한 여러 사람으로 구성되어 있는 회의체 기관이어서 회사를 대표하고 회사 업무의 최종 결정 및 진행 등을 총책임지는 사람으로서 대표이사를 두는 것이다.

회사에서 업무위임의 범위는 주주총회, 이사회, 대표이사 순으로 좁혀진다. 상법이나 정관에 따라 상위 단계에서 결의해야 하는 것 이외에는 하위 단계에서 결정할 수 있다. 따라서 대표이사는 상법과 정관에 의해 주주총회의 권한이나, 이사회의 권한으로 정한 것 이외의 모든 사항과 기타 모든 업무집행에 필요한 세부사항에 대해 의사결정을 할 수 있는 권한을 가진다.

보통 대표이사는 1명이지만 회사를 대표하는 대표권을 여러 사람에게 부여할 수도 있으므로 대표이사가 1인 이상인 경우도 있다. 삼성전자의 대

---

3 이사의 선임과 해임은 주주총회에서 결정하고, 대표이사의 선임과 해임은 이사회에서 결정한다.

표이사는 2018년에서 2021년까지 김기남, 김현석, 고동진, 3인 체제였다. 각자 DS^{Device Solutions} 부문장, CE^{Consumer Electronics} 부문장, IM^{IT & Mobile Communications} 부문장 출신이었다. 김기남 대표이사는 회사에서 부회장직을, 김현석 및 고동진 대표이사는 사장 지위를 가지고 있었다. 2022년에는 기존 대표이사들이 사임하고 한종희 사내이사가 대표이사로 선임되어 1인으로 변경되었다. 그는 삼성전자 대표이사이자 부회장 지위를 가지고 있다.

CEO

기업의 최고 의사결정권자는 최고경영자, CEO로 불린다. 고위 경영진을 C-suite 또는 C-level officer라고 하는데 앞의 Chief는 '우두머리' '장'이라는 의미이다. 즉 CEO는 기업을 운영하는 고위 경영진 executive officer의 수장이라는 뜻이다.

C-level은 회사에 따라 다르다. CEO 외에 일반적으로 최고 재무관리자 CFO^{Chief Financial Officer}, 최고운영관리자 COO^{Chief Operating Officer} 등 분야별로 고위 경영진을 둔다. 최근에는 데이터와 환경이 중요해져 정보시스템을 관리하는 CIO^{Chief Information Officer}, 환경정책을 관리하는 CGO^{Chief Green Officer}, 데이터를 관리하는 CDO^{Chief Data Officer}와 같은 새로운 고위 경영자 지위를 만들기도 한다.

CEO는 경영진 중 최고의 위치에 있는 사람으로서 기업의 주요한 사안, 전반적인 운영과 자원 사용을 결정한다. 경영진의 최고책임자로 이사회에 보고를 하는 주체이며, 대외적으로도 회사를 대표하는 사람으로 인식된다.

단, CEO는 법적인 지위가 아니라 기업에서 맡은 역할을 의미한다. CEO가 중요한 역할을 하기 때문에 국내의 경우 대표이사를 겸하는 경우가 많지만 반드시 그런 것은 아니다. 앞서 언급했듯 대표이사는 이사회에서 선임이 되고 법적으로 등기를 해야 한다.

CEO가 하는 역할은 회사의 규모나 문화, 조직구조에 따라 차이는 있으나, 일반적으로 대기업에서는 매우 높은 수준의 전략적 의사결정을 한다. 예를 들어 삼성전자의 전임 CEO였던 권오현 회장은, 그의 저서 『초격차』에서 CEO는 미래를 내다보는 통찰을 가지고 중요한 의사결정을 하는 역할을 해야 함을 강조하고 있다. 그러기 위해서 '하지 않아도 될 일의 목록'을 우선 정하고 과감한 '위임'을 하고 미래를 예측하고 대비하는 의사결정을 하는 데에 집중했다. 회사의 모든 걸 알려고 하는 이들은, 전문경영자가 아니라 전문관리인일 뿐으로 이들은 '마이크로 매니저' 혹은 '나노 매니저'로 불려야 마땅하다고 말하고 있다.

아마존의 CEO 제프 베조스 역시 『제프 베조스, 발명과 방황』에서 CEO는 소수의 중요한 사안에 대해서 더 나은 의사결정을 위해 집중해야 함을 강조했다. 고위 경영자가 고액 연봉을 받는 이유는 중대한 문제에 대해 뛰어난 의사결정의 대가로 받는 것이다. 매일 수천 가지 의사결정을 내리는 것보다 하루에 3개 정도 좋은 의사결정을 내리는 것으로도 충분하다고 말한다. 하지만 그 의사결정은 본인이 할 수 있는 한 가장 최고의 의사결정이어야 하며, 항상 맑은 정신을 유지하기 위해 하루 8시간 숙면을 지키고, 집중력이 떨어지는 오후 5시가 넘으면 중요한 의사결정을 미루기도 한다.

제프 베조스나 권오현 CEO의 경우는 거대 기업의 경우이고, 기업이 초기단계에 있거나 소규모인 경우에는 CEO가 전반적인 역할을 수행한다. 중요한 것은 고위 경영자, 특히 CEO는 단순히 의사결정을 하는 역할을 하는 것이 아니라 기업의 미래를 결정하는 소수의 중요한 의사결정에 집중해야 한다는 것이다.

CEO는 창업자founder인 경우도 있고, 국내에서 흔히 말하는 오너 경영자와 같이 회사의 지분을 다수 소유하면서 경영권을 행사하는 지배주주일 수도 있다. 그러나 창업자나 지배주주와 혈연관계가 전혀 없는 전문 경영자인 경우도 많다.

회장, 사장, 총수, 동일인

우리나라에서는 회사의 창립자, 대주주로서 회사를 경영하는 사람을 '회장'이라고 부른다. 크게는 대규모 기업집단 또는 그룹을 대표하는 사람에게 회장이라는 호칭을 쓰고, 계열사의 대표는 사장이라는 호칭을 사용하곤 한다. 회장은 기업집단 전체를 조율하는 역할들을 하고, 사장은 각 기업을 맡아서 경영하는 경우가 많다. 기업의 설립자이면서 대표이사였던 아버지가 물러나고 자식에게 기업을 물려주면서 아버지는 '회장'으로, 아들은 '사장'이나 '부회장'으로 표기하는 경우도 많다.

이재용 회장, 정의선 회장 등 창업자나 지배주주 일가가 흔히 회장으로 불리지만, 상속경영자가 아닌 2022년 삼성전자 한종희 대표이사도 부회장의 명칭을 달고 있다. 이 외에 빌 게이츠 회장, 워런 버핏 회장, 제프 베조스 회장, 손정의 회장 등 외국 기업인에 대해 이들이 설립자이자 CEO이거나, 지배주주인 경우 회장이라고 부르곤 한다.

의미상 회장會長은 모임會의 수장長이라는 뜻으로서 가장 높은 사람을 의미한다. 그래서 회장이나 사장이 가장 중요한 의사결정을 하는 인물이라는 인상을 주고, 실제로도 그런 경우가 대부분이다. 하지만 법적으로 회장이라는 지위는 없기에, 이름과 역할이 고정된 것은 아니다.

상법에서는 대표이사, 이사, 대표감사, 감사에 대해서만 규정하고 있다. 회사에서 사용하는 사장, 전무, 상무, 부장 등도 법적으로 정해진 명칭이 아니라 회사에서 사용하는 직급일 뿐이다. 법적인 권한과 책임을 나타내는 '대표이사'와 회사의 담당업무와 지위를 나타내는 '회장'이 되어서 '대표이사 회장 홍길동' '대표이사 사장 홍길동'처럼 되어야 실질과 형식이 일치할 것이다.

실질적인 지위와 법적인 지위가 다르면, 회사의 경영에 대해 법적인 책임을 묻기 어렵기 때문에 문제가 된다. 의사결정을 내리는 권한을 누리지만 상응하는 법적인 책임을 지지 않는 경우에는 기업지배구조에 문제가 있다고 볼 수 있다.

우리나라에서는 '업무집행지시자'[4]라는 개념을 새롭게 도입해, 공식적인 직함이나 등기가 되어 있지 않더라도 회사에 대한 영향력으로 이사에게 업무지시를 하는 사람이라면 등기이사와 같은 책임을 지도록 했다. 권한만 누리는 지시자에게 책임을 물을 수 있는 법적 근거를 마련한 것으로서, 이사회에서 선출된 대표이사가 회사의 최종의사결정을 하는 것이 아

---

4 상법 제401조의 2.

니라 미등기 이사인 회장이 대표이사에게 지시를 내려서 실질적인 권한을 행사하는 등의 현실을 반영한 것이다.

비슷하게 혼란스러운 용어로는 '총수總帥'라는 표현이 또 있다. '재벌 총수'라든지 '대기업 총수'라는 말을 흔히 접해봤을 것이다. 모두를 거느린다는 의미의 총總과, 장수를 의미하는 수帥가 합쳐진 것인데, 본래 모든 군사를 지휘하는 대장을 뜻하는 말이다.

우리나라에서 총수는 기업집단[5]을 실질적으로 이끄는 지배주주를 지칭하며, 회사들을 군대의 조직처럼 거느리고 일사불란하게 움직이도록 명령하는 사람이라는 의미에서 사용한다. 즉 총수는 대주주로서 재벌집단의 최고 의사결정자라고 할 수 있다. 우리가 생각하는 재벌 회장과 큰 차이가 없다. 총수는 공식적인 용어는 아니고 각 그룹에서 임의로 지정한다.

회장, 재벌, 총수 등 비슷한 개념으로서 공정거래법에서는 재벌(대규모 기업집단) 규제를 위해 동일인同一人이라는 개념을 사용하고 있다. 동일인은 공정거래법에서 지정하는 기업집단을 지배하는 대표 주주라고 할 수 있는데, 동일인과 총수는 거의 겹친다고 할 수 있다. 동일인은 공정거래위원회의 기업집단국에서 정량적 조건인 주식 '지분율'과 정성적 조건인 '지배적 영향력'을 반영해 지정한다.

---

[5] 기업집단의 경우, 우리나라에서는 공정거래위원회에서 지정한다. 소위 재벌기업으로 불리는 기업들은 공정거래위원회가 대규모 기업집단이나 공시대상 기업집단으로 지정한 기업들이다. 실질적인 경영권을 가지는 동일인이 지배하는 회사가 2개 이상일 때의 기업들을 기업집단이라 하는데, 특히 규모가 큰 경우 관리감독을 위해 공정위에서 지정하는 것이다.

순위	기업집단명	동일인	계열회사수		공정자산총액	
			2022년	2021년	2022년	2021년
1	삼성	이재용	60	59	483.9	457.3
2	에스케이	최태원	186	148	292.0	239.5
3	현대자동차	정의선	57	53	257.8	246.1
4	엘지	구광모	73	70	167.5	151.3
5	롯데	신동빈	85	86	121.6	117.8
6	포스코	포스코홀딩스(주)	38	33	96.3	82.0
7	한화	김승연	91	83	80.4	72.9
8	지에스	허창수	93	80	76.8	67.7
9	현대중공업	정몽준	36	33	75.3	63.8
10	농협	농업협동조합중앙회	53	58	67.0	63.6
11	신세계	이명희	53	45	61.1	46.4
12	케이티	(주)케이티	50	48	42.1	37.7
13	씨제이	이재현	85	79	36.9	34.7
14	한진	조원태	33	31	35.2	33.6
15	카카오	김범수	136	118	32.2	20.0
16	두산	박정원	21	22	26.3	29.7
17	엘에스	구자은	58	58	26.3	25.2
18	DL	이준용	42	36	24.8	19.6
19	부영	이중근	22	23	21.7	23.3
20	중흥건설	정창선	55	37	20.3	9.2

2022년 공시대상기업집단 지정 현황

출처: 공정거래위원회.

동일인은 그룹을 실질적으로 지배해 그룹의 경영권을 가진 사람이라고 할 수 있다. 동일인이 법적으로 대표이사 등기를 할 수도 있고 그렇지 않을 수도 있다.

재벌 총수는 국가적으로도 사회적 지위를 갖고 있는 인물이기에, 종종 청와대에서 대통령이 초청해 기술개발, 고용, 투자 등을 독려하는 일이 자주 있다. 2021년에도 청와대 만찬이 있었는데, 당시 초청받은 이재용 회장[6]은 삼성전자의 '부회장' 직위를 가지고 있지만 '미등기임원'이었다. 즉, 이사회 구성원도 아니고, 대표이사는 더더욱 아니며, 이사회 의장도 아닌 지위에 있었던 것이다. 삼성전자의 지배주주이기는 하지만 주주총회 외에 경영에 관여할 여지가 적은 것이다. 그러나 대통령이 만남을 가지고 설비투자와 성취를 독려해 경제를 발전시키도록 노력해 달라고 하는 것은 법적인 지위와는 달리 실질적인 영향력이 있음을 시사한다. 이와 같이 실질적으로 존재하는 영향력을 고려해 공정거래법상 이재용 회장은 동일인으로 지정되어 있었다.

국내 이사회 현황

이제 우리나라에서 이사회가 실질적으로 어떻게 구성되어 있는지 알아보자. 기업지배구조에서 가장 중요한 이사회의 구성에 대해서는 상법에 그 기준이 있다. 상법에서는 주식회사의 경우 3명 이상의 이사를 두도록 하고 있다. 다만, 자본금 총액이 10억 원 미만인 회사는 1명 또는 2명으로 할 수 있다.

상장기업의 주식은 누구나 매입할 수 있기에 더욱 높은 수준의 지배구

---

6 2022년 10월 27일 이재용 부회장은 삼성전자 이사회 의결을 통해 공식적으로 삼성전자 회장이 되었다.

조가 필요해 좀 더 엄격한 기준을 두고 있다. 국내 상장기업은 이사 총수 1/4 이상의 사외이사를 선임해야 한다. 또한 최근 사업연도말 현재 자산 총액이 2조 원 이상인 상장기업은 3인 이상의 사외이사를 선임하되, 이사 총수의 과반수 이상을 사외이사로 선임해야 한다.

간단한 통계를 통해서 살펴보자.

연도	2008년	2009년	2010년	2011년	2012년
1,000억 원 미만	4.7 (23.7%)	4.7 (24.2%)	4.6 (24.5%)	4.6 (24.0%)	4.5 (25.0%)
1,000억 원 이상, 2조 원 미만	5.7 (32.3%)	5.6 (32.2%)	5.4 (32.2%)	5.3 (33.1%)	5.3 (33.4%)
2조 원 이상	9.1 (56.3%)	8.9 (56.0%)	8.5 (56.6%)	8.2 (57.5%)	8.1 (59.2%)
연도	2013년	2014년	2015년	2016년	2017년
1,000억 원 미만	4.7 (25.8%)	4.7 (26.4%)	4.8 (27.0%)	4.9 (28.0%)	5 (27.2%)
1,000억 원 이상, 2조 원 미만	5.5 (34.2%)	5.4 (34.3%)	5.4 (35.0%)	5.4 (35.3%)	5.4 (34.9%)
2조 원 이상	8 (59.9%)	7.7 (59.2%)	7.6 (60.2%)	7.6 (59.6%)	7.6 (59.6%)

국내 상장기업의 이사회 규모(인) 및 사외이사 비율추이

출처: KCGS 리포트, 2019. 9권 3,4호.

국내 상장된 기업들을 대상으로 한 분석에 의하면 약 5~8명의 이사가 이사회를 구성하고 있다. 이사회에서 사외이사는 자산규모가 2조 원 이상 인 대기업에서는 약 60%를 차지하고 그 외의 기업에서는 30%에 가까운 비율을 차지한다.

구체적으로 국내 대표적인 기업들의 이사회 구성을 알아보자. 2021년 보고에 따르면 삼성그룹 계열사 중 상장회사는 16개인데 이사수는 113명으로 회사당 평균 7명가량의 이사가 이사회를 구성하며 중요한 의사결정을 한다. 사외이사는 60명, 회사당 평균 3.8명으로 약 53%를 차지한다. 상법상 기준에 맞게 과반수 이상의 사외이사를 선임하고 있다.

한편 비상장사에 대해서는 사외이사 비율에 대한 상법 규정이 없다. 2020년 KDI 상장사 사외이사 현황에 따르면 삼성그룹에 속한 비상장사는 평균 3.5명의 이사를 두고 있는데 이 중에서 사외이사를 선임한 비상장사는 43개 계열사 중 2곳에 불과하다. 엘지그룹의 경우 비상장회사는 57개사이며 평균 3.5명의 이사를 두고 있고, 사외이사를 선임한 회사는 없다. SK와 롯데그룹은 비상장사에 대해서도 사외이사를 많이 선임하고 있는 것으로 나타난다.

기업집단명	상장회사수 (개)	이사수 (명)	사외이사수 (명)	사외이사 비중	회사당 이사수(명)	회사당 사외이사수(명)
삼성	16	113	60	53.1%	7.1	3.8
현대자동차	12	94	50	53.2%	7.8	4.2
에스케이	19	119	63	52.9%	6.3	3.3
엘지	13	85	45	52.9%	6.5	3.5
롯데	10	80	41	51.3%	8.0	4.1
한화	7	55	31	56.4%	7.9	4.4
지에스	7	49	24	49.0%	7.0	3.4
현대중공업	6	30	18	60.0%	5.0	3.0
신세계	7	45	23	51.1%	6.4	3.3
씨제이	8	46	24	52.2%	5.8	3.0

기업집단별 상장사 이사 및 사외이사 현황

출처: 공정거래위원회, 2021년 「공시대상 기업집단 지배구조」 현황, 2021.12.2.

책임과 권한: 총수일가의 이사등재

우리나라 재벌기업은 보통 창업주 일가가 지배주주를 형성해 직간접적으로 기업 경영에 실질적인 영향력을 행사하고 있다. 오너 일가라고 불리는 '경영에 참여하는 지배주주 일가, 경영권을 행사하는 지배주주 일가'가 등기된 이사인 경우는 얼마나 될까? 공정거래위원회에서 기업집단의 대표라고 할 수 있는 동일인을 지정하는데, 이들을 총수로 보고 등기이사로서 경영에 참여하고 있는 현황을 알아보자.

기업집단에 총수일가가 등기된 수치가 높다고 또는 낮다고 해서 반드시 옳거나 그른 것은 아니라는 점은 염두에 두자. 실제 일가가 지분을 많이 소유하고 있는 가운데 등기이사로 영향력에 걸맞은 법적인 지위를 가지고 있다면 나쁘다고 볼 수 없다. 실질적으로 경영을 하지만 등기이사로서 법적인 책임은 회피하는 것이 가장 좋지 않을 것이다.

구분	2017년	2018년	2019년	2020년	2021년
총수일가	17.3%	15.8%	14.3%	13.3%	11.0%
총수 본인	5.1%	5.4%	4.7%	3.9%	2.8%

최근 5년간 연속 분석대상 21개 집단 총수일가 이사 등재회사 비율
출처: 공정거래위원회, 2021년 「공시대상 기업집단 지배구조」 현황, 2021.12.2.

2022년 기준 최근 5년간 연속으로 분석 대상이 된 기업집단 회사들 중에서 총수 본인 및 일가가 이사로 등재된 회사의 비율은 2017년 17.3%에서 2021년도 11.0%로 점차 감소하는 추세를 보인다. 참고로 2013년에는 그 비율이 26.2%였다. 이른바 오너경영이라고 불렸던 경우가 점차 감소하는 것으로 볼 수도 있으나, 실질적으로 경영에 영향을 미치면서 이사로서 등기를 하지 않아 법적인 책임을 피하는 형태도 존재하기 때문에 각각의 경우를 구체적으로 살펴볼 필요는 있다.

실질적 최고경영자와 미등기 임원

최고경영자는 기업의 전반적인 의사를 결정하고 경영성과에 대한 책임을 진다. 그런데 우리나라에서는 그보다 더 위에 있는 직급자가 존재하는 경우들이 있다. 즉 지배주주가 실질적 최고경영자로 존재하지만, 명의상으로 대표자를 내세우는 것이다. 막대한 영향력을 행사하지만 법적 책임은 지지 않기에, 사익을 위해 의사결정이 더욱 왜곡될 수 있다는 문제가 있다.

이 문제의 정확한 현황은 알 수 없지만, 임원 보수 공시를 통해 어느 정도 짐작은 할 수 있다. 일반적으로 기업에서 최고경영자가 제일 많은 보상을 받는다. 그러나 누군가 그보다 더 높은 수준의 보상을 받는다면, 더 막강한 권한을 가진 사람이 존재한다고 추측할 수 있다.

우리나라에서는 2013년부터 법에 의해 등기임원 중에서 5억 원 이상의 보수를 받는 경우에 공시를 하도록 했다.[7] 회사 임원들의 보수가 회사의 가치 증가와 무관하게 매겨지는 것을 감시하기 위해 도입한 제도였다.

---

7 2013년 5월 「자본시장과 금융투자업에 관한 법률(자본시장법)」.

그런데 회사의 등기임원 보수정보를 공시하라고 했더니, 지배주주 일가가 미등기임원으로 전환해 정보의 공개를 피하는 경우가 일어났다. 미등기임원이란 등기된 임원이 아니지만 명예회장·회장·부회장·사장·부사장·대표·부대표·전무·상무·이사 등 업무를 집행할 권한이 있는 것으로 인정될 만한 명칭을 사용해 실질적으로 경영을 하는 자를 말한다. 처음으로 2013년의 연봉이 공개가 되기 전, 삼성 이건희 회장, 이재용 부회장, 신세계 정용진 부회장 등이 등기이사직에서 물러났다.

한편 최태원 SK 그룹 회장은 SK계열사들에서 301억 원의 보수를 받아 최고 연봉을 받는 기업인으로 보고되었는데, 문제는 그가 2013년 1월 31일부터 횡령 혐의로 법정구속되어 정상적으로 경영을 하지 못했다는 점이다.

수감 중인 경영자에게 높은 수준의 연봉을 책정한 것은 이사회가 제대로 작동하지 않고 있다는 의미다. 경영자는 기업의 성과창출에 기여한 대가로 높은 보수를 받는 것인데, 최회장은 업무에 참여하지 않고서 지배주주라는 지위를 통해 높은 보수를 받게 된 것이 문제가 되어, 연봉을 모두 기부하고 등기이사에서 물러났다. 단지 SK에 국한된 것이 아니라 여러 기업들에서 보수가 문제가 되어 지배주주 일가가 등기이사에서 물러났다. 하지만 경영에서 손을 떼지 않고, 단순히 등기이사직에서 물러나는 것은 사실상 더욱 악화된 책임회피 형태로 볼 수 있다. 실질적으로 경영에 높은 수준으로 관여하고 있다면 마땅히 등기이사로서 책임을 지는 것이 바람직하다.

지배주주 일가가 등기이사에서 미등기이사로 전환하는 문제가 발생하자 2018년부터는 미등기임원을 포함해 회사에서 5억 원 이상의 보수를 받는 사람들 중에서 상위 5명의 보수를 공시하도록 법을 개정했다.

그 결과 2018년부터는 지배주주가 미등기임원으로서 고액의 보수를 받고 있는 경우가 얼마나 되는지를 알 수 있게 되었다. 신세계 이명희, KCC 정상영, LG 구본준, CJ그룹 이재현, SK그룹 최태원 등이 30억 원 이상 고액보수를 받고 있음이 확인되었다. 임원의 보수가 기업 가치를 높인 것에 대한 대가로 지급되는 것이 아니라 지배주주의 힘에 의해서 비합리적으로 이루어지고 있을 가능성을 제시한다.[8]

연도	대표이사가 아닌 임원이 최고액을 받는 기업(A)	대표이사가 최고액을 받는 기업(B)	개별 임원 보수를 공시한 기업(C=A+B)	비율(A)÷(C)
2013	80 (등기임원)	144	224	35.71
2014	69 (등기임원)	160	229	30.13
2015	67 (등기임원)	169	236	28.39
2016	73 (등기임원)	173	246	29.67
2017	88 (등기임원)	180	268	32.84
2018	88 (등기임원)	172	310	44.52
	50 (미등기임원)			
합계	515	998	1,513	34.04

출처: 실질적 최고경영자의 존재와 임원보수, 안정인과 서윤석, 2021, 회계학연구.

5억 원 이상 등기임원 보수 공시를 처음 도입한 2013년에 대표이사가 아닌 등기임원이 최고액을 받는 경우가 35% 정도였다. CEO보다 힘이 센

8 경제개혁연구소. 경제개혁리포트 2019년 8호.

등기임원이 있다는 것이다. 그런데 이 비중이 1년이 지나자 대폭 줄어든다. 정상화되었다기보다는 등기임원에서 미등기임원으로 전환해 공시의 의무를 회피한 결과다.

이후 2018년에 공시의 범위가 미등기임원을 포함하는 것으로 법을 개정하자 50명의 미등기임원이 CEO보다 높은 수준의 보상을 받는 것이 확인되었다. 조사 기업 310개 기업 중 50개 기업으로서 약 14.2%의 기업에서 대표이사가 아닌 실질적 최고경영자가 존재하고 있다고 추정할 수 있다.

이사회 의장의 변화

최근 IT업계에서 '이사회 의장'이라는 지위가 영향력을 드러내고 있다. 국내에서는 대부분 대표이사가 이사회 의장을 겸임하고 있으며 '이사회 의장'이라는 지위는 별로 중요한 존재로 여겨지지 않았다. 언론 기사 등에서도 별로 쓰이지 않는 호칭이었다.

애플의 스티브 잡스는 건강 악화로 2011년 8월 CEO에서 사임하며 이사회 의장을 맡았다. 그리고 6주 후 사망하기 직전까지 일했다. 제프 베조스도 아마존의 CEO와 이사회 의장을 겸직했는데, 2021년 7월 아마존웹서비스AWS를 성공적으로 이끌어온 앤디 재시에게 CEO를 물려주고 이사회 의장 역할만을 담당하게 되었다.

국내에서도 비슷하게 성공한 벤처 창업자들이 CEO에서 물러나 이사회 의장으로 활동하는 경우가 늘어났다. 창업자로 잘 알려진 카카오의 김범수, 배달의 민족(우아한형제들)의 김봉진, 쿠팡의 김범석, 넷마블의 방준혁, 펄어비스의 김대일 등은 2021년 기준으로 이사회 의장직에 있었다. 네이버를 설립한 이해진의 경우에도 대표이사를 역임하다가 2013년 8월에서 2017년 3월 네이버 이사회 의장으로 활동했다. 이후 네이버 글로벌 투자 책임자로 활동하고 있다.[9]

이사회 의장 현황과 과제

창업자가 CEO에서 물러나면서 이사회 의장을 맡아 본인은 회사의 미래를 고민하는 역할을 하고, 현재를 관장하는 업무는 새로운 CEO가 맡아 역할을 분담한다고들 한다. 창업자는 회사에 대해 누구보다도 애정을 가지고 있고, 회사에 대해서도 잘 알고 있기 때문에 타당한 설명이다.

하지만 이사회 의장이 회사의 임직원들과 끈끈한 관계에 있고, 대중에게 이름이 널리 알려져 있으며, 회사의 최대 주주라면 어떨까? 새로운 대표이사보다 막강한 권한을 보유해 실질적으로 CEO위의 CEO로서 군림하면서 책임은 회피하게 되는 문제가 발생한다.

바람직한 이사회 의장의 모습은, 이사회의 리더로서 경영진이 회사와 주주의 이익을 위해 경영을 하고 있는지를 감독 및 관리하는 것이다. 경영진의 성과를 평가하고 대규모 투자안을 승인하는 역할에 집중하고, 회사 내에서 인사권을 행사하면서 실질적인 경영활동을 하지는 않아야 할 것이

---

9 2017년 9월 3일 공정거래위원회에서는 이해진 의장이 실질적으로 네이버에 영향력을 행사하고 있다고 판단해, 네이버 주식회사의 동일인(총수)으로 지정했다.

다. 우리나라 이사회 의장 현황을 다음 표를 통해 살펴보자.

사업연도	이사회 의장		전체
	사내이사	사외이사	
2014	671사 (96.41%)	25사 (3.59%)	696사
2013	668사 (96.25%)	26사 (3.75%)	694사
2012	671사 (96.83%)	22사 (3.17%)	693사
2011	687사 (96.76%)	23사 (3.24%)	710사
2010	647사 (96.86%)	21사 (3.14%)	668사
2009	680사 (98.55%)	10사 (1.45%)	690사
2008	696사 (98.58%)	10사 (1.42%)	706사
2007	678사 (98.98%)	7사 (1.02%)	685사
2006	702사 (99.15%)	6사 (0.85%)	708사
2005	658사 (99.40%)	4사 (0.60%)	662사

유가증권시장 상장회사의 이사회 의장 현황

출처: ESG 이슈 분석, 정유진, 2016년, CGS Report 6권 1호.

이사회 의장은 대부분 대표이사로서 회사의 사내이사다. 사외이사가 이사회 의장을 맡는 경우는 늘어나고 있으나, 2014년 기준 조사대상 상장사 696사 중 3.59%인 25개 사에 머물러 있었다.

사외이사가 의장인 회사들은 지배구조가 특히 중요해 법적인 규제를 받는 금융회사들이다. 금융회사는 '금융회사의 지배구조에 관한 법률' 제13조에 따라 원칙적으로 이사회 의장을 사외이사 중에서 선임해야 한다. 사외이사가 아닌 자를 의장으로 선임하는 경우에는 사유를 공시하고, 따로 사외이사들의 의장격인 선임사외이사lead director를 두어야 한다.

경영진 견제를 위한 이사회 의장 분리에 대한 요구는 높아졌고, 2020년 기준으로 10대 기업집단 상장사 101개 기업 중 27%의 기업이 대표이사와 이사회 의장을 분리했다. 이는 2015년 14%에서 2배 가까이 늘어난 것이라는 보도가 있다.[9]

지배구조 평가기관, 기관투자자들은 CEO와 이사회 의장의 분리를 좋은 지배구조로 생각한다. 경제협력개발기구의 기업 지배구조 원칙도 마찬가지로 분리를 권고한다. 이사회의 독립성이 높아져 효과적으로 CEO를 감독하고 견제함으로써 기업지배구조가 향상된다는 논리다.

반대로, CEO가 이사회 의장을 겸직하면 회사 업무 및 현안을 파악하고 있기 때문에 효율적으로 의사결정을 할 수 있어 기업에 좋다는 입장도 있다. CEO로서 사업에 대한 전문성을 갖추었기에 이사회 의장에 적합하다고 보는 것이다. 실제로 사외이사가 이사회 의장을 역임하는 경우에는 회사 업무 전반과 활동에 대해 알지 못하기 때문에 피상적인 정보를 바탕으로 판단을 하는 단점이 있다.

연구에서도 CEO와 이사회 의장 분리가 기업가치에 미치는 효과에 대해서 뚜렷한 결론을 내리지 못하고 있다. 독립성과 전문성에 상충관계가 있는 만큼 어느 하나의 형태가 반드시 우수한 지배구조라고는 할 수는 없다. 특히 이사회 의장 분리에 대한 연구는 자본시장이 발달한 미국 등을 대상으로 한 연구로서, 우리나라에 직접 적용하는 것이 맞지 않을 수 있다. 미국 등의 국가에서 주요한 지배구조 문제는 경영자와 주주간의 갈등이

---

9 대기업 이사회 의장은 '상왕'?… 무늬만 'ESG 경영'. 경향신문. 2021.7.25.

다. 경영자는 경영을 하되 이사회는 견제하는 역할을 분명히 하자는 의미에서 이사회 의장을 분리하자는 입장이다.

하지만 우리나라의 주된 지배구조 문제는 지배주주가 비지배주주의 이익을 침해하는 문제이다. 지배주주가 직접 CEO가 되어 경영에 참여하든, 형식적인 대표이사를 세워 놓든 자신에게만 유리한 의사결정을 하는 경우에 문제가 된다. 회사를 지배하고 있으므로 이사회 의장이 분리되더라도 지배주주인 대표이사를 견제하거나 해임하기도 어렵다.

한계가 있지만 국내에서는 회장이라 불리는 지배주주이자 대표이사가 독재를 하는 문제가 많으므로 이사회의 독립성이 더욱 요구되어 형식적인 측면에서라도 분리가 필요하다고 생각된다. 중요한 것은 단순히 대표이사와 이사회 의장이 분리되었다고 해서 우수한 지배구조로 평가하곤 하는데 평가체계에 한계점이 있다는 점을 알고 사용하자는 것이다.

사외이사

사외이사제도의 도입 배경

이사회는 주식회사의 지배구조 및 경영에서 핵심적인 역할을 한다. 하지만 비지배주주의 이익을 해치는 일들이 일어나는 것을 보면 이사회가 잘 작동하고 있는지 의문이 든다.

과거에는 이사회의 구조적인 문제가 더욱 심했다. 이사회가 회사에서 업무를 하는 사내이사로만 구성되었기 때문에 지배주주에게만 이익이 되거나, 회장의 독단적인 의사결정이 이뤄지는 경우가 허다했다. 사내이사들이 인사권을 가지고 있는 지배주주의 의사를 거스르고 독립적인 의견을 제시하기가 어려웠다. 이 문제를 해결하기 위해 내부의 사람이 아니라 외부의 독립적인 인물을 이사회에 들일 필요성이 생겼다.

사외이사 제도는 반강제적으로 도입되었다. 1990년대 말, 아시아 금융위기 때 우리나라의 외환이 바닥나면서 극심한 경제적 어려움을 겪었다. 외환위기 이전 우리나라 기업들은 주로 부채를 통해서 자금을 조달했는데, 49대 기업의 평균 부채비율(=부채/자본)이 400%에 이를 정도였다. 자본이 100억 원이면 부채가 400억 원이라는 것이다. 부채는 정해진 시점에 이자와 원금을 갚아야 하는 빚이므로, 기업이 이자와 원금을 충분히 갚을 수 있을 정도로 이윤을 남길 수 있는지가 중요하다.

그런데 급속히 성장하던 경제가 둔화되면서 1996년의 매출액 대비 당기순이익률이 0.02%에도 미치지 못하게 되었다. 매출액이 1,000억 원이라도 당기순이익이 2,000만 원이 안 되는 수준이다.[11] 이 상황에서 이자율이 3% 오르면, 400억 원의 부채를 지고 있는 기업이 부담할 이자가 12억 원 증가하고 기업은 고스란히 적자를 보게 된다. 많은 부채로 외부환경 변화에 취약하게 된 것이다.

1997년 아시아 금융위기가 발생하자 자금을 빌려 주었던 외국자본들이 자금을 회수하거나 추가로 빌려주지 않게 되었다. 특히 국내 기업들은 상환을 하기까지의 기간이 짧은 단기자금을 빌려 시설투자와 같은 장기적

---

11 부채비율 진로 8,500% 한라 2,000%, 은감원 49대 기업 '96 경영분석' 롯데, 동아화학 가장 낮아, 매일경제, 1997.7.16.

인 사업에 과잉투자를 한 것이 문제가 되었다. 기업들이 급하게 외화를 갚아야 하는 과정에서 국내에 보유하던 외화가 바닥나게 되었다.

한국의 외환보유고가 바닥나 빌려준 돈을 회수할 가능성이 낮아지자 외국자본은 더욱 상환을 독촉하는 악순환이 계속되었다. 기업들은 자금 부족으로 부도가 나고, 파산해 대량의 실직자가 발생하게 되었다. 정부는 부족한 외화를 확충하기 위해 IMF에 구제금융, 즉 달러를 빌려달라고 요청하게 되었다. IMF가 요청을 받아주어 추가적인 신용의 하락은 막을 수 있었으나 구제금융을 상환하기까지 기업들은 부채를 줄이기 위한 노력을 하도록 요구받았다.

이후 기업부실의 원인을 분석하는 과정에서 한국 기업들이 이익이 거의 나지 않는 사업에 과도하게 투자할 수 있었던 이유로 이사회가 사내이사로만 구성되어 지배주주인 경영자를 제대로 견제할 수 없었던 점이 지목되었다. 우리나라의 기업지배구조 개선에 대한 논의가 본격화되었고, 사외이사 제도가 도입되었다. 1999년 상장사의 사외이사 선임을 의무화 (총이사수의 25% 이상)하는 법안을 강제 도입했고, 자산 2조 원 이상의 상장사는 50% 이상(최소 3명 이상) 사외이사를 두게 했다.

당시 기업들은 사외이사 제도를 도입하면 경영권이 침해되고 신속하고 과감한 의사결정을 할 수 없다는 등의 이유로 극심하게 반발했다. 하지만 국가적인 위기 상황을 타개하기 위해 사외이사 제도가 법에 도입되었다. 여전히 부족한 점이 있지만 사외이사제도 도입은 한국 기업의 낙후된 지배구조가 한 발 개선되는 계기가 되었다.

사외이사의 독립성과 전문성

지금까지의 내용을 요약하자면 이사회는 대표이사를 선출하며, 경영자의 업무 집행에 대해 감독하고, 중요한 의사 결정에 참여하고 조언한다. 이사회의 구성원이 사내이사인 경우에는 대표이사나 지배주주의 영향력에 노출되어 전체 주주나 회사의 이익을 해치는 의사결정을 할 가능성이 있다. 이를 방지하기 위해 외부의 독립적인 인사를 사외이사로 이사회에 선임하도록 되어 있다.[12] 즉 사외이사는 이사회의 본래 기능인 경영진 감독 기능을 보다 효과적으로 수행하기 위해 도입된 것이다. 특히 국내에서는 지배주주가 비지배주주의 이익을 침해하고 자신의 이익으로 가져가는 행위를 막고 경영의 투명성과 효율성을 높이기 위해 사외이사의 역할이 중요하다.

기업지배구조 개선을 위해 이사회에 사외이사 비율을 높이도록 유도하고 있지만, 단순히 사외이사의 수를 늘리는 것만으로 개선이 될 수는 없다. 법률상의 독립성 정의에는 부합하지만 실제로는 지배주주나 경영진이 영향력을 미칠 수 있거나 친분이 있는 사외이사를 선임할 수 있기 때문이다. 형식적으로 흉내만 내는 것이다.[13] 독립성이 결여된 사외이사는 경영진을 효율적으로 감시하지 못하게 되어 결과적으로 기업가치를 끌어올리는데 기여하기보다는 불필요한 비용만 발생시키는 원천이 될 수 있다.

---

[12] 상장회사의 경우 '상법'에서 사외이사 선임 의무를 규정하고 있고, 금융회사의 경우 '금융회사의 지배구조에 관한 법률'에서 규정하고 있다.

[13] 법률상, 제도상 규정이 있을 때, 흉내내기만 하는 행위는 어디에서든 관찰할 수 있다. 친환경적이지 않으면서도 친환경적인 것처럼 포장하는 그린 워싱(Green washing), 기업이 환경과 사회에 지속가능한 기여를 해야한다는 취지로 ESG가 강조되면서 사회적 기업인 척 포장하는 소셜 워싱이나 ESG 워싱 (Social Washing, ESG Washing)이라는 단어만 보아도 그렇다.

사외이사가 경영진을 효과적으로 감독하기 위해서는 다음 2가지 조건이 중요하다. 1)사외이사가 경영진이나 지배주주로부터 실질적으로 독립적이어야 한다. 2)전문성을 갖추어야 한다. 독립성은 사외이사가 경영진이나 지배주주의 영향력 하에 놓여 있지 않아야 한다는 의미이며, 전문성은 사외이사가 경영의사결정을 판단할 수 있는 지식과 능력을 갖추어야 함을 의미한다.

국내 사외이사 현황

사외이사제도는 단지 '사외'가 중요한 것이 아니라 실질적으로 '독립적'인지가 중요하다. 사외이사가 경영자나 지배주주의 영향력으로부터 벗어나 비판적으로 검토하고 의견을 낼 수 있어야 한다. 그래서 법은 사외이사의 독립성에 대한 최소한의 요건을 지정해 놓았다.[14] 예를 들면 '가족이나 친지가 사외이사가 될 수 없다' 등의 요건이다.

그렇지만 경영진으로부터의 독립성을 법으로 포괄하기는 어렵다. 법률상 독립성 정의에는 부합하지만 실제로는 자신의 의견에 반대하지 않을 사외이사를 얼마든지 선임할 수 있다. 사외이사가 되는 사람도 스스로 자신이 독립적이지 않다는 것을 잘 알더라도, 좋은 보수와 기회를 생각해 받아들이곤 한다.

우리나라 기업들의 사외이사는 과연 얼마나 회사 경영자나 지배주주로부터 독립적일까? 2019년 조사에 의하면, 국내 10대 그룹의 상장사 102곳

---

14 상법 제382조, 상법 제542조의 8항.

에서 971회의 이사회가 개최되었고 2,600여 개 안건이 상정되었는데 이 중 부결된 안건은 2건뿐이었다.[15] 부결이 거의 없는 이유는 이사회 개최 전에 조율과정을 거치면서 부결될 것 같은 안건은 아예 이사회 안건으로 상정하지 않기 때문이기도 하다. 그러나 지배주주의 전횡으로 인한 기업 가치 훼손과 같은 문제들이 지속적으로 발생하는 것을 생각하면 높은 가 결율을 사전조율만으로 설명할 수 없다. 높은 가결율의 근본적인 이유는 사외이사가 경영자나 지배주주의 말을 잘 따르기 때문이다.

더 자세한 조사에 의하면, 독립적이라고 보기 어려운 사외이사가 다수 를 차지하고 있다. 지배주주 일가나 경영진과 같은 고교동문, 대학동문, 계 열사의 임직원 출신 퇴직자가 사외이사로 자리하고 있는 것이다. 대기업 집단에 속하는 기업들의 이사진 중, 지배주주 일가나 사내이사와 동문 관 계인 사외이사는 13.37%, 해당 회사나 계열사의 퇴직 임직원 출신 사외 이사는 8.74%로 나타났다. 그 결과 대기업집단 사외이사 비율은 44.95% 이지만, 독립적이라고 보기 어려운 사외이사의 비율이 13%로 나타났다.[16] 유가증권상장법인을 대상으로 한 다른 연구에서도 최고경영자의 고교동 문 출신 사외이사가 존재하는 기업이 전체 표본의 15.2%에 해당했다.[17]

독립적이지 않은 사외이사가 많은 이유 중 하나는, 주주총회에서 이사 를 선임하는데 많은 지분을 가진 주주들의 영향력이 강하기 때문이다. 반 면 소액주주들은 관심을 가지지 않으며 설령 일부 주주들이 관심을 갖고

---

15 재벌기업 사외이사 '거수기' 불변…'부결' 극소수, 한국경제 2020.04.05.

16 최한수, 이창민, 석우남. 사외이사의 실질적 독립성과 기업가치. 사회과학연구 2017.

17 손혁, 정재경. 사외이사는 최고경영자의 감시자인가 또는 지지자인가? 사외이사와 최고경영자의 사회적 관계가 과잉투자에 미치는 영향. 회계학연구. 2015; 제40권 제5호.

적극적으로 의견을 표출해도 경영자나 지배주주 일가의 영향력을 이기기는 어렵다.

2020년 조사에 의하면 대기업집단 소속 266개 상장사 중 사외이사후보추천위원회가 설치된 회사는 167개였다. 이 중 63개 기업의 이사회에 총수일가가 이사로 등재되어 있었고, 이 중에서도 15개사에는 총수일가가 사외이사후보추천위원회에 소속되어 있었다. 심지어 위원장을 맡는 경우도 있었다.[18] 단지 총수일가가 사외이사후보추천위원회에 소속된 것만이 아니라, 사외이사후보추천위원회의 30% 이상이 전현직 임원, 학연 등 기업에 우호적인 인사들로 구성되었다. 견제와 감시의 대상자가 스스로 감시를 할 사람을 선발하는 구조인 상황에서 독립적인 사외이사를 선임하기란 어려운 일이다.

전문성의 측면에서도 문제가 있다. 사외이사는 성격상 해당 기업에서 상시적으로 근무를 하지 않기 때문에 기업 내부의 자세한 사항을 알기가 어렵다. 제한된 정보를 바탕으로 판단을 해야 하기 때문에 더욱 전문성이 요구된다. 하지만 국내 사외이사는 경영자를 견제하거나 경영에 대한 조언을 실질적으로 할 수 있는 외부 경영자 출신보다는 주로 대학의 교수 출신과 주요한 권력기관(검찰, 법원, 국세청, 공정거래위원회, 금융위원회, 금융감

---

18 '2020년 공시대상기업집단 지배구조 현황', 공정거래위원회, 2020.12.09.
19 이사회 기능을 서비스 기능, 자원제공 기능, 통제 기능으로 분류할 수 있다. 서비스 기능은 이사회가 경영자에게 조언과 자문을 제공하는 것 등을 의미한다. 자원제공 기능은 이사진이 대외적인 신뢰도 및 이미지 제고, 전문성, 외부와의 의사소통, 네트워크 등으로 기업이 생존하는 데에 필요한 자원을 제공하는 역할을 말한다. 통제 기능은 경영자를 견제하고 감시하는 역할을 의미한다. 서비스 기능이나 자원제공 기능의 측면에서 고위 공무원 출신 사외이사 등을 임명하는 것을 무조건 평가절하할 수는 없다. 독립성에 중점을 두는 것은 통제기능에 무게 중심을 놓는 것이라고 볼 수 있다.

독원 등) 출신을 임명하고 있다.[19] 회사에 문제가 있을 때 권력기관 출신의 사외이사를 방패로 활용하기 위해 임명한다는 비판도 있다.[20]

많은 기업에서 사내이사들은 지배주주의 강력한 영향력 아래에 놓여 있다. 이 경우에 사외이사의 역할이 중요하지만, 사외이사들의 '독립성'이 뒷받침되지 않고 있어서 형식적인 '사외' 이사에 머무르고 있는 경우가 많아 경영진에 대한 견제가 제대로 되지 않는다.

우리나라의 사외이사는 정치권에서 영향을 미치는 경우나, 경영자와 친분이 있는 인사로 채워지는 경우가 많다. 사외이사를 손쉬운 감투 정도로 여기는 것이다. 이러한 행태는 사외이사의 역할과 책임을 잘 따져 묻지 않기 때문에 생기는 것이다. 배임, 회계부정이 발생하는 경우 사외이사진에 대한 책임도 물어서 전문성, 독립성이 없는 사람은 스스로 사외이사 자리를 고사할 정도로 만들어야 이사회가 제대로 작동할 여지가 있을 것이다.

참고: 미국의 CEO 출신 사외이사

미국의 경우, 보통 실제 기업을 경영해 본 경영자들이 사외이사를 맡는다. 궁금한 기업이 있으면 기업 홈페이지에서 확인해보자. 2006년 애플의 CEO가 스티브 잡스이던 시절, 구글의 CEO인 에릭 슈미트가 애플의 사외이사로 선임되었다. 이들이 실리콘밸리의 카페에서 커피를 마시며 얘기를 나누는 장면이 목격되기도 했다. 훗날 구글과 애플의 사업분야에서 경쟁이 일어나면서 에릭 슈미트가 2009년 사외이사직을 사퇴했지만 전문

---

20 30대그룹 관료출신 사외이사 39%··· 포천 100대기업은 9.9%, 연합뉴스, 2015.08.26.

성을 위해 잠재적 경쟁 기업의 CEO까지 사외이사로 임명한 것은 흥미로운 일이다.

2022년 기준으로 애플은 9명의 이사로 이사회를 구성하고 있는데 CEO인 팀 쿡^{Tim Cook}을 제외한 8명이 사외이사인 지배구조를 가지고 있다. 미국 부통령이었던 앨 고어를 제외하고는 모두 기업가 출신이다. 알파벳의 경우 창업자인 래리 페이지와 세르게이 브린, CEO인 순다 피차이 3인 외에 8명은 사외이사이다. 아마존의 경우도 설립자인 제프 베조스와 현재 CEO인 앤디 제시 외에는 사외이사로 구성되어 있으며 거의 기업가 출신이다.

높은 전문성을 지닌 CEO들이 사외이사로 선임하면 경영 의사결정에 많은 도움이 될 것이다. 하지만 CEO 출신이 사외이사, 특히 이사회 의장이 되는 경우에 효과적인 이사회 활동을 저해한다는 의견도 있다. 이사회는 집단적인 의사결정 체제로서 의견을 주고받으며 토의를 해야 하는데 마치 CEO처럼 결정을 하고 의견을 주도하려 한다는 것이다. 이사들은 혼자서 논의를 주도하는 것이 아니라 문제의 큰 그림을 보고 가정을 검토하고 협업을 통해 함께 해결책을 찾는 능력이 더 중요하다.

지배구조 논의의 어려움

지금까지 기업지배구조의 윤곽을 살펴보며, 일반적인 문제점과 우리나라에서의 문제점을 확인했다. 우리나라에서의 기업지배구조 논의는 1998

년 외환위기 이후로 과거 재벌 중심의 지배구조에 대한 비판으로 주주중
심주의로 진행되어 왔다. 최근에는 주주중심주의에 대한 반성으로 이해
관계자 중심으로 논의가 이어지고 있다. 그렇지만 이해관계자 중심주의
를 논하기 이전에, 이사회가 주주를 핵심 이해관계자로 보고 일한다는 가
장 간단한 가정 하에서도 기업지배구조 논의에는 복잡한 문제들이 존재한
다.[21]

다양하고 이질적인 주주들

이사회의 선택이 모든 주주를 만족시킬 수는 없다. 사안에 따라 어떤 주
주는 이익을 얻고 어떤 주주는 손해를 입는다. 같은 기업의 주주라 할지
라도 저마다의 투자이유와 투자기간 등이 달라 이해관계가 상이하기 때
문이다.

단적인 예로 2015년 삼성물산과 제일모직이 합병을 추진했을 때, 삼성
물산 지분 7% 정도를 보유한 외국계 펀드인 앨리엇 매니지먼트는 합병에
반대했다. 삼성물산의 지분 가치가 저평가되었다는 것이 이유였다. 외국계
의결권 자문 업체인 ISS와 글래스 루이스도 합병 반대를 권고했고, 국내
소액주주 중 가장 큰 지분을 가졌던 일성신약(2.37%)도 합병에 반대했다.
한편 합병에 찬성하는 삼성그룹의 계열사와 특수관계인의 지분은 13.8%
였고, 우호지분으로 KCC가 소유한 6%가 있었다. 삼성물산의 이사회는
어느 주주의 이익을 우선해야 하는 것일까?

---

21 이 부분은 『이사회, 원점에서 시작하라』(콜린 카터, 제이 로쉬 지음, 보스턴컨설팅그룹(BCG) 옮김, 쓰리메카
닷컴, 2007년 01월 출간)로부터 많은 도움을 받았다.

상장주식회사의 목적이 '주주이익의 극대화'라고 하더라도 각 주주들은 서로 너무나도 이질적인 존재들이다. 이익을 극대화할 수 있는 방법이나 이익을 얻는 시점도 주주에 따라 다르다. 지배주주는 회사의 경영권 유지를 목표로 주식을 장기보유하고, 비지배주주는 주식 거래에서 차익을 얻거나 배당을 받을 목적으로 주식을 보유한다.

비지배주주 중에도 하루에 수십 번이라도 주식을 사고파는 초단기주주들이 있는가 하면, 국민연금이나 사학연금과 같이 장기적으로 주식을 보유하는 주주들도 있다. 단기 주주들은 회사의 미래가 어떻든 당장 이익을 높이고 배당을 하거나 자사주를 소각해 주가를 올리기를 바라지만, 장기적으로 투자하는 주주들은 일시적으로 성과가 떨어지더라도 충분한 연구개발과 사업투자를 통해 회사가 지속적으로 성장하기를 바란다. 장기적으로 주주가치를 높이기 위해서는 직원이나, 공급업체 및 고객 등 이해관계자의 기대도 충족시켜야 한다.

이렇게 주주 사이에서도 이율배반의 상충관계가 존재하니 무엇이 진정 주주를 위한 것인지 판단하는 것이 결코 쉽지 않다.

주주의 이익과 연계한 보상체계의 문제점

경영자가 주주를 위해서 일을 할 수 있도록 인센티브를 주는 것처럼, 이사도 마찬가지다. 이사의 목표가 주주가치를 최대화하는 것이라면, 이사의 보수 역시 주식 및 기업의 성과와 연계되도록 하면 된다. 그러면 자연스레 자신의 보상을 극대화하기 위해, 이사는 기업의 가치를 높이는 의사결정을 내릴 것이다.

이러한 관점은 1980년대 미국의 재무학자들이 주장했는데 특히 기관투자자와 주주 권익을 주장하는 단체, 기관투자자에게 의결권 행사와 관련한 조언을 하는 기관들이 환영했다. 오늘날 미국 기업들은 경영자 및 이사의 보수를 대부분 주식과 스톡옵션으로 지급하고 있다.

그러나 이사와 주주의 이해관계를 일치시키는 것은 또 다른 문제를 낳는다. 경영자는 매년 성과평가를 해 연임이 결정되므로 장기적인 기업가치를 높일 수 있는 의사결정보다는 단기적으로 기업의 이익을 높이고 주가를 부양할 수 있는 의사결정을 내릴 수 있다. 이사 역시 임기가 무한하지 않기 때문에 경영자의 단기 실적주의에 동참해, 금전적 보상과 지위를 단단하게 하고자 한다. 심지어 경영자가 보상을 높이려는 생각으로 실적을 부풀리려 할 때 이를 저지해야 할 이사회가 역시 부풀려진 실적의 혜택을 입고자 경영자를 제대로 견제하지 않을 수 있다. 즉 독립성이 훼손되는 것이다. 주가와 연계한 보상의 규모가 크면 클수록 그렇다.

독립성과 전문성의 상충관계

앞서 우리는 기업지배구조에서 독립적이고 전문적인 사외이사를 선임하는 것이 매우 중요함을 확인했다. 기업지배구조에 대한 연구자들은 이사회에 사외이사가 많을수록 좋다는 관점을 가지는 경우가 많다. 그러나 최선을 다해서 사외이사를 선임한다 하더라도 한계점이 존재하고, 더구나 독립성과 전문성은 서로 상충하는 문제가 존재한다.

사외이사의 독립성에 대해 다양하게 정의할 수 있지만 일단 기업과 경제적인 이해관계가 없어야 된다는 외적 기준이 존재한다. 그 회사의 경영진이 아니어야 하고, 회사의 고객이나 협력업체, 회사의 컨설턴트가 아니어야 한다. 또한 경쟁사에서 근무했거나 관계가 없어야 한다. 그러나 이런 제약 요건들을 만족하면 할수록 그 회사와 산업에 대한 전문성과 지식이 있는 사람들이 배제되는 문제가 있다. 독립성 확보와 회사에 대한 이해가 서로 상충하는 것이다. 더구나 사외이사들은 말 그대로 외부에서 각자의 활동을 하는 사람들로서 사외이사 업무가 전업이 아니라 이사회를 개최할 때에만 잠시 주의를 기울이는 파트타임 업무이다. 따라서 회사에 대한 이해도가 피상적인 수준에 머무르기 쉽다.

결과적으로 독립적인 사외이사가 이사회에서 회사의 성과나 사업방향, 전략 등에 대해 감시하고 토론하기보다는 CEO와 사내 임원들의 사업실적, 당면 현황 등 발표를 듣고 수동적으로 승인하는 역할을 한다. 전문성보다 독립성을 추구하는 경우 오히려 실질적인 독립성이 훼손될 수도 있는 것이다.

사외이사는 회사와 경제적 이해관계가 없어야 한다는 독립성 규정에 대해 투자자인 워런 버핏은 회사에 자문 서비스를 제공하는 변호사가 회사로부터 받는 자문 보수가 그의 소득 3%에 불과한데도, 회사와 경제적 관계가 있다는 이유로 독립성을 만족하지 못한다는 것은 말이 안 된다고 지적한다. 사외이사가 충분한 경제적 기반을 갖추지 않고, 다른 고수익 직업도 없이 회사가 제공하는 사외이사 보수를 통해 생활수준을 유지하는 것이야말로 독립성을 저해하는 것이라고 주장한다. 이 경우야 말로 기업과 경제적인 이해관계가 존재할 수밖에 없다는 것이다. 독립성과 전문성에 대해 생각해 볼 문제이다.

그러나 국내 지배구조 문제의 상당부분은 기계적인 독립성 자체가 의심이 될 만큼 경영자나 총수일가의 이해관계에 동조하는 이사들로 이사회가 구성되어 있는 것에서 비롯된다. 섣불리 전문성 확보를 위해 형식적인 독립성이나마 희생하자고 할 수는 없는 상황이다.

경영자에 대한 조언과 감시 역할의 충돌

이사회 복무규정에는 이사들의 직무가 담겨있다. 주요한 내용은 다음과 같다.[22]

회사의 전략, 계획, 예산에 대한 승인 및 회사의 실적 감시

주요 자본지출 및 주요 사업부문의 매각 또는 인수에 대한 승인

회사가 직면한 주요 위험파악 및 관리보장

CEO의 임명과 평가, CEO 후임자의 선정 계획 수립

고위 임원의 보수에 대한 승인

법과 공동체 규정의 준수, 회사를 위한 윤리규정 마련

요약하면 이사회의 역할은 경영감독, 의사결정, 경영자문의 세 축으로 구분할 수 있다. 상황에 따라 경영자의 활동과 실적을 감시하고, 사업 계획이나 주요한 투자에 대한 승인과 같은 중요한 의사결정에 참여하고, 경영

---

22 「이사회, 원점에서 시작하라」, 콜린 카터, 제이 로쉬 지음, 보스턴컨설팅그룹(BCG) 옮김, 쓰리메카닷컴, 2007년.

자에게 자문과 조언도 제공하는 것이다.

　문제는 이 3가지 역할을 균형 있게 수행하는 것이 상당히 어렵고 혼란스럽다는 것이다. 이사회는 중요한 의사결정에 직접 참여하고 자문을 제공한다. 따라서 회사의 활동과 실적에 경영자뿐만 아니라 이사회도 책임이 있다. 경영자의 활동과 실적을 감시하고 평가해야 하지만, 사실 자신도 참여한 결과에 대해서 직접 평가를 하는 모양새인 것이다. 이사회가 경영자에게 책임을 묻고 비판을 하기에는, 자신들도 참여한 의사결정의 결과이기 때문에 엄격하게 판단하기가 어려울 수 있다. 때로는 결과가 나쁠 때 경영자에게만 책임을 묻고 이사회는 아무런 책임을 지지 않는 문제가 발생하기도 한다.

7장

지배구조와 사회적 책임

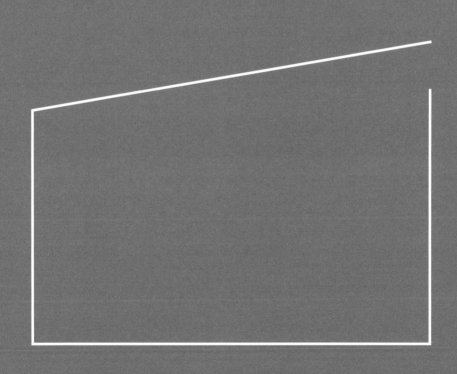

한국 기업의 바람직한 지배구조가 향해야 할 모습에 대해 학자들과 실무자, 경영자들의 논의가 있다. 이미 기업지배구조에 대한 전문가들이 역할을 하고 있기 때문에 구체적인 사안들을 정리하기 보다는 비판적인 관점에서 지배구조 문제를 살펴본다. 본 장은 학술적인 논의에서 비롯된 내용이라기보다는 저자가 느끼고 경험한 것에 바탕을 두기 때문에 관점에 따라 동의하기 어려운 부분도 있을 것이다. 부족하나마 독자의 생각의 폭을 넓히고 균형감을 갖추는데 도움이 되기를 바란다.

바람직한 지배구조

지금까지의 논의를 통해 바람직한 지배구조라는 것을 기계적으로 정형화하기란 무척 어려우며 설령 모든 외적 조건들을 만족한다 하더라도 실행 과정에서 상충되는 문제들이 발생한다는 것을 알게 되었을 것이다. 기업지배구조를 형식상의 외적인 기준만으로 평가하다보면 수치상으로는 우수하지만 실질은 그렇지 않은 상황들을 맞이하게 된다.

예를 들어, 사조산업은 2020년 한국기업지배구조원의 지배구조 평가에서 'S' 'A+' 'A' 'B+' 'B' 'C' 'D'까지 총 7등급 중 최하위 등급인 'D(매우 취약)' 등급을 받았으나 2021년 평가에서는 'A(우수)' 등급을 받았다.[1] 그런데 2021년은 사조산업 소액주주연대가 경영진의 편법 승계와 그 과정에서 소액주주의 이익 침해 등의 이유로 지배주주 일가와 격렬하게 다툼을 벌였던 때였다. 사조산업은 지배주주를 견제하기 위해 도입된 이른바 '3%룰'마저 교묘한 방법으로 회피해 국정감사에서 많은 비판을 받기도 했는데 높은 등급을 받다니 도대체 어떻게 된 것일까?

사조산업은 이사회 산하에 ESG위원회 설치, 감사위원회 구성원 전원을 사외이사로만 구성한다는 등의 이유로 A를 받았다.[2] 그런데 사조산업이 감사위원회를 사외이사로만 구성하도록 정관을 변경한 것은 독립성 제고를 목적으로 한 것이 아니라, 이른바 3%룰을 회피해 소액주주연대가 선임하고자 했던 감사위원을 배제하려는 의도라는 의심이 있다. 사외이사가 아닌 감사위원 선임 시에는 최대주주 및 특수관계인의 의결권을 합쳐서 3%만 인정하는 제한이 있으나, 사외이사인 감사위원을 선임하는 경우

1 사조그룹, 2021년 ESG 등급 '큰 폭' 상승. 이지경제. 2021.10.28.
국감서도 뭇매 맞은 사조그룹 '3%룰 꼼수'… 법 개정 이뤄질까. 시사위크. 2021.10.25.
2 사조그룹, ESG 낙제생 꼬리표 뗐다. 더벨. 2021.10.29.

에는 모든 주주 각각 3%까지 의결권을 인정하므로 지배주주 일가에게 유리해진다. 지배주주들이 자신들이 보유한 지분을 우호 세력에게 대여하는 방법까지 동원해가면서 3%룰을 적극적으로 회피했는데도 감사위원이 모두 사외이사라는 이유로 지배구조에서 높은 평가를 받았으니, 단지 우수 사례 체크리스트를 마련해 외적인 기준을 만족한다고 해서 지배구조가 우수한 것은 아님을 확인할 수 있다.

기업지배구조에 대해 정답은 없다. 상황과 시기에 따라 다를 것이다. 이 사회의 힘이 세어야 할 때도 있고 경영자에게 힘이 쏠려야 할 때도 있을 것이다.

기업을 '창업'과 '수성'으로 따지면, 창업의 시기에는 엄청난 열정을 가진 창업자의 주도로 기업의 성장이 이루어진다. 기업의 창업기에는 경영자 견제 위주의 기업지배구조는 크게 중요하지 않다. 경영자가 주도하는 지배구조가 기업의 성장을 돕는다. 애플은 나중에 쫓겨나기까지 한 스티브 잡스의 전횡으로 자랐고, 아마존은 배당 따위는 무시하는 제프 베조스의 정책으로 빠른 성장을 했다. 소프트 뱅크는 극도의 재무적 리스크를 짊어지는 손정의에 의해 성장했고 테슬라의 일론 머스크도 주주의 이익을 침해할 수도 있는 무모해 보이는 투자를 통해 기업을 성장시키고 있다. 현대의 정주영이나 삼성의 이병철, 이건희, 포스코의 박태준 등도 마찬가지이다. 자본도, 기술도 없는 허허벌판에 기업을 일으키는 과정에서 기업지배구조 따위는 큰 문제가 아니었다. 기업을 세운 사람들의 능력과 강력한 의지에 의해서 기업이 성장했지 지배구조가 좋아서 성장한 것이 아니다. 창업이라고 썼지만 새로운 사업에 집중해 혁신을 하려는 기업도 마찬가지다.

그러나 기업이 성장해 수성의 단계에 이르렀을 때에는 보다 조직적이고 부패하지 않는 지배구조가 필요하다. 우리나라 경제에 대해 대형 기업에 집중된, 변동성이 작고 변화가 적은 독과점적 시장이라는 평가가 있는데, 이러한 경우에는 경영자의 전횡을 방지하는 구조가 도움이 될 것이다. 창업자와 같이 기업을 자신의 몸처럼 여기고 경영하는 경영자가 있는 기업과, 전문 CEO와 같이 인센티브에 영향을 많이 받는 경영자가 있는 기업에 요구되는 지배구조는 차이가 있는 것이다.

바람직한 지배구조의 형태란 일률적으로 정의할 수 없다. 다른 나라에서 형성된 우수한 기업지배구조라 해도 그 상황과 조건 하에서 우수한 것이기 때문에 그대로 들여온다 한들 제대로 작동하지도 않는다. 그러나 비록 우리는 가장 좋은 형태가 어떤 것인지 알지는 못해도, 나쁜 지배구조로 인해 문제가 일어나는 경우는 알 수 있다. 의원내각제, 대통령 중심제 등 어떤 정치 형태가 가장 바람직한지는 정의하거나 판단하기 어렵지만, 적어도 북한의 일인독재 정치구조가 나쁜 형태라는 것을 알 수 있는 것처럼 말이다. 지배구조 문제에 진지한 관심을 가지는 지배주주나 경영자라면 회사에서 자신의 의견에 반대를 할 수 있는 사람과 환경을 가지고 있는지 돌아보아야 할 것이다.

일단 당면한 문제점들을 하나씩 개선해 나가다보면 우리나라에 맞는 지배구조가 형성될 것이다. 나쁜 지배구조에 의한 문제들이 나타나는 회사들에 대해서 비판하고 견제하는 노력을 계속해야 하는 이유다.

이기적 인간관의 순환 문제[3]

오늘날 기업지배구조 논의는 기업을 투자자의 관점에서 바라보고 평가한다. 투자자가 경영자에게 자금을 맡겼으니 경영자는 성실하게 운영해 이익을 투자자에게 돌려주어야 한다는 관점이다. 즉, '경영자는 이기적인 대리인'이라는 관점에서 기업지배구조 논의가 이루어진다. 하지만 실제 기업이 탄생하고 성장하는 과정을 돌이켜 보면 투자자가 자금을 모아서 경영자를 고용하는 것이 아니라, 강한 의지를 가진 경영자가 사업을 위해 필요한 자금을 잠재적 투자자들에게 적극적으로 설명해 조달한다. 우리나라의 철강과 조선, 반도체 산업 등도 그렇게 성장했다. 금융이 발달한 미국에서도 아마존 초창기에 제프 베조스가 미국 금융가의 비웃음을 받으면서도 자신의 전략을 고수하며 회사를 성장시켰다. 투자자가 경영자를 대리인으로 지정하고, 경영자는 대리인으로 행동한다는 것은 강한 주인의식으로 경영하던 창업자가 떠난 상장회사에서 일어나는 일을 묘사하는 것에 가깝다.

대리인 이론의 관점에서 경영자 감독과 견제를 제도화하는 것은 필요하고 또한 효과를 발휘한다. 인간은 실제로 이기적이고, 다른 이해관계자의 이익을 해쳐서라도 자신의 이익을 추구하기 때문이다. 그런데 경영자를 단순히 대리인으로 취급하는 것은 부적절하다. 경영자들의 사업 동기는

---

3 이 내용은 평소 불편함을 느끼던 부분에 대해 작성했던 결과물로서 관련한 실험을 구상하기도 했다. 나중에 코넬대학교의 린 스타우트 교수가 이미 깊이 파고든 주제임을 알게 되었고 비슷한 생각을 공유한다는 기쁨을 느꼈다. 안타깝게도 린 스타우트 교수는 2018년 작고했다. 국내에는 『주주 자본주의의 배신(Shareholder value myth)』(린 스타우트 지음. 우희진 옮김. 북돋움coop, 2021)이 번역되어 출판되었다. 기업지배구조에 관심을 가진 분들께 권한다.

경제적 동기보다는 세상을 바꾸고 기여하겠다는 내적 동기에서 비롯된 경우가 많다. 특히 한국과 일본의 과거 창업 경영자들은 사업을 통해 빈곤을 극복하고 인재를 키우고 국가에 기여하겠다는 사명감을 가지고 있었다. 우리는 무엇인가를 잊거나 잃어버린 것이 아닐까? 돈에 의해 인간이 움직인다고 하면 너무 시시하지 않은가. 우리는 그런 시시한 존재가 아니다.

사회학 이론 중에 '낙인이론'이 있다. 학교에서 '문제아'로 찍히면, 이 학생을 바라보는 사람들도 문제아로 바라보고 그 학생도 문제아의 정체성을 가지게 되어 계속해서 문제아로 행동하게 된다. 사람에게 부정적인 낙인을 찍으면 실제로 자기 자신을 그렇게 정의하고 나쁘게 행동하게 된다는 것이다. 관점이 행동에 영향을 주고, 행동이 다시 관점에 영향을 미치는 순환이 이루어져 점점 나쁜 쪽으로도(낙인효과), 점점 좋은 쪽으로도(피그말리온효과) 이어질 수 있는 것이다.

경영자에 대한 관점도 마찬가지다. 경영자를 이기적인 대리인으로 보는 관점에 너무 치우치다보면 경영자 역시 이기적인 대리인으로서 행동하게 된다. 되먹임feedback을 통해 이기적인 대리인의 행태는 더욱 강화된다. 기업의 사회적 공헌을 '이익'을 내는 것이라고 한정하는 것 역시 마찬가지다. 사회적 책임을 고민하던 경영자들조차 사회적 가치를 등한시하게 될 수밖에 없다.

인간은 자신의 이익을 추구하기는 하지만, 자신의 이익을 희생하고 협력을 하기도 한다. 인류가 성공적으로 협력을 하지 않았다면 오늘날 인류가 이렇게 번성할 수도 없었다. 그런데 현대로 들어서면서 인간은 이기적이라는 이론적인 가정에 지나치게 의존해 세상을 바라보는 문제가 있다.

세상의 모든 것을 이기심의 눈으로만 바라보고, 인센티브 구조 자체가 그에 맞춰 구성되면 사람은 그에 따라 반응하게 된다. 되먹임이 반복되면서 이론의 세상에 맞추어 실제의 세상이 변하는 것이다. 인간은 이기적이라는 가정이 인간의 행동에 영향을 미치고, 결국 더 이기적인 인간으로 만들어가는 것이다.

'최후통첩 게임Ultimatum Game'이라는 유명한 실험이 있다. 간단히 설명하면, 서로 전혀 모르는 두 명이 짝이 되어, 한 명은 제안자, 한 명은 수용자가 된다. 제안자는 주최 측으로부터 100만 원을 받는데 조건은 다음과 같다. 100만 원을 수용자와 나누어 가지되, 제안자가 제시하는 분배기준을 수용자가 받아들여야 나누어 가질 수 있고 수용자가 거절하면 둘 다 아무것도 받을 수 없는 것이다. 단, 기회는 한 번뿐이다.

여러분은 어느 정도로 나누어 가지는 것이 좋을 거라고 생각했는가? 평균적으로 제안자가 몇 대 몇으로 제안했을 것 같은가? 상당수는 반반에 가깝게 생각할 것이다. 실제 실험 결과도 놀랍지 않게 5:5나 6:4와 같은 상당히 공평한 비율을 제시하는 경우가 많았다. 수용자들도 9:1과 같은 불공평한 비율을 제시받았을 때 거절하는 모습이 관찰되었다. 이러한 성향은 나이, 성별, 종교, 국적, 교육 등을 가리지 않고 광범위하고 일관되게 나타난다.

그런데 당연한 결과에 깜짝 놀라 커다란 충격을 받은 사람들이 있다. 바로 경제학자들이다. 합리적으로 판단하면, 제안자가 얼마를 제시하든 수용자가 거절하는 것은 이득이 되지 않는다. 똑똑하고 합리적인 제안자는 99:1과 같이 자신에게 최대한 이익이 되도록 나누자고 제안하는 것이 이득이고, 마찬가지로 똑똑하고 합리적인 수용자는 아무것도 못 받는 것보다 1만 원이라도 받아가는 것이 이득이다. 하지만 실험은 인간이 자신의 이익만을 극대화하는 이기적 존재가 아니라, 상호협조나 공정성을 추구한다는 결과를 제시한다. 합리적인 인간의 가정 하에 따른 결과와, 실제 심리가 작용하는 결과는 다른 것이다. 이기적 인간관과 인간의 실제 모습과는 차이가 존재하는 것이다.

경영자를 단순히 대리인으로 보는 관점은 기업의 주체를 경영자가 아닌 주주와 채권자 같은 투자자 관점에서 바라보는 것이다. 현실은 기업의 주체는 경영자이고 이들은 단순히 금전적인 동기에 기반을 두어 움직이는 사람들이 아니다. 이론적인 대리인 가정에 지나치게 의존하는 것은 이들을 진실로 대리인으로 만들어버리는 부작용을 낳는다. 적어도 대학교육을 비롯한 교육시스템에서 합리적이면서도 이기적인 인간관에 근거한 사회 및 경제 시스템 구성의 필요성과 장점을 논의하되, 그에 못지않게 공정을 추구하고 책임감과 사명감을 가지는 사람들의 본성을 부양할 수 있도록 좋은 사례들을 발굴하고 교육해야 한다. 이야기의 힘은 강력하다. 더 나은 사람으로 성장하고 싶어하는 본성을 깨워 주어야 한다.

윤리적인 경영자상, 경영 참여형 투자자

사회적 제도나 조직은 경로의존성經路依存性, path dependence을 가지고 있다. 과거에 만들어진 것들이 지금 시점에서 최선이 아님에도, 계속 이어지게 되고 여간해서는 바뀌지 않는다. 현재 한국 기업의 지배구조는 과거 역사적 과정들을 통해 구축된 체계이고, 그때마다 맞닥뜨린 문제를 해결해 나가며 형성된 결과이다. 과거를 부인하고 천지개벽하듯 바꾸는 것은 이미 누적된 관계들이 있기 때문에 어려운 일이다. 현재의 한계를 인정하고 받아들인 상황에서 더 나은 방향을 모색해야 할 것이다.

재무이론가들은 경영자의 기회주의적 행동을 제어하기 위해 독립적인 이사회 구성이나 주주 이익과 연계한 보상 등을 제안한다. 이러한 기업지배구조 형태는 주로 미국의 영향을 받은 것으로서 미국에서는 경영자들이 기업에 고용되어 매년 실적에 대해 평가받고 보상과 지위가 결정되는 형태가 많다. 국내에서 지배구조 논의를 이끌어가는 학자들도 미국의 교육과 사상을 받아들여 수용해 왔다. 하지만 앞서 논의했듯 관점은 되먹임 구조를 가져서 경영자를 더욱 대리인화 하는 역할을 할 수 있다.

우리나라 기업지배구조를 나아지게 하는 방안으로서 투자자 입장에서 구체적인 안을 논의하기보다는 고리타분하지만 '윤리적 경영자상'의 교육과 '경영 참여형 투자자'가 중요한 역할을 해 주기를 기대한다.

애초에 바르고 정직한 사람이 경영을 한다면 복잡한 지배구조는 불필요한 것들이다. 일본에서 가장 존경받는 경영자로 일컬어지던 이나모리 가즈오는 경영판단 기준으로 '거짓말하지 않기, 타인에게 피해 주지 않기, 정직하게 행동하기, 욕심 부리지 않기, 자기 것만 생각하지 않기'를 제시한다. 누구나 어린 시절 배운 가치와 규범들이지만 어른이 되면 잊어버리는

---

4 「카르마 경영」, 이나모리 가즈오 지음, 김형철 옮김, 서돌, 2005.

것들이다.[4] 세계적 투자자인 워런 버핏도 투자의 핵심 기준으로 두는 것이 '경영자가 믿을 수 있는 사람인가' 하는 것이다.

　오늘날 강조되는 ESG 경영이란 것이 사실 우리의 가치관에서 전혀 낯선 것이 아니다. 우리가 과거 해오던 것의 재발견에 가깝다. 서구에서 비롯된 ESG 열풍은 각 요소들을 정교하게 측정하는 것에 집중하고 있지만, 한국이나 일본의 옛 경영자들이 가졌던 사명감과 정신을 이어갈 수 있도록 새로운 경영자들을 지속적으로 자극하는 것이 중요하다. 이나모리 가즈오가 '세이와주쿠'라는 모임을 통해 젊은 경영자들에게 "마음을 고양하고 회사 실적을 늘려 종업원을 행복하게 하는 것이 경영자의 사명"이라는 경영 철학을 전파했던 것처럼, 존경받는 경영자들의 이야기를 발굴하고 전하는 것이 필요하다.

　생존이 오가는 치열한 경쟁 환경 속에서 한가한 소리로 들릴 수도 있다. 하지만 인간에게 덕성과 도덕성이 있고, 기업이란 것도 결국 사람이 하는 일이기에 덕성과 도덕성을 함께 추구할 수 있다고 믿는다. 현실에서 하는 것이 어렵다고 해서 윤리적인 경영을 해야 한다는 생각 자체를 포기해 버리는 것은, 세상을 윤리적인 경영이 더욱 불가능한 환경으로 만든다. 신발 속 거슬리는 모래알 한 알이 걷는 이를 조심스럽게 걷게 하는 것처럼, 이익 추구가 능사가 아니라 윤리를 저버리지 않는 것이 중요하다는 작은 모래알 같은 마음 하나가 경계심을 가져 온다. 지배주주나 상속 경영자들도 '윤리적 경영자'라는 이상을 생각해보는 것 자체로 지배구조에 긍정적인 영향을 미칠 것이다.

경영에 참여하는 사모집합투자기구(사모펀드)도 경영자나 지배주주를 견제하는 주인의 역할을 수행하며 지배구조 개선에 기여할 수 있다. 주주가 주식을 보유하는 기간이 단 며칠이 안 될 정도로 의미 없게 짧아진 시대에 단기적인 주주들은 기업 경영에 관심을 기울이지 않는다. 기업의 장기성과에 관심이 있는 소액주주들이 있더라도 경영자가 잘못하고 있을 때 불만을 제기하기도 어렵고, 불만을 제기함으로써 얻을 수 있는 이익도 자신이 들여야 하는 시간과 노력을 감안하면 작기 때문에 그저 주식을 팔고 떠나버리는 것이 편하다.

하지만 경영참여형 사모펀드와 같은 대형주주는 상당량의 주식을 보유해 지배주주에 대항할 수 있다. 노력을 들이면 얻을 수 있는 이익도 충분하다. 경영자나 지배주주에 의해 방만하거나 부실하게 운영되는 기업의 지분을 취득해 주주제안을 하고 이사나 감사 선임에도 표 대결로 영향력을 행사해 회사의 가치를 높일 수 있다. 특히 장기적으로 주식을 보유하고 경영을 개선해 회사의 가치를 높이려는 투자자는 지배주주나 경영자와 함께 또는 그들보다 더 주인처럼 회사를 운영하고 가치를 증대시키는 데 기여할 수 있다.

다만 단기적인 투자수익을 추구해 기업을 단순히 금융투자의 대상으로 보아 회사의 유용한 자산을 매각하고 인력을 해고하며 무리한 배당을 받아 짧은 기간 내에 빠져나가는 것을 목적으로 하는 사모펀드의 경우는 기업가치를 해칠 것이다.[5] 기업가치에 도움이 되는 사모펀드라면 회사의 경

---

5 지난 십여 년간 기업사냥꾼들이 신주인수권부사채(BW), 전환사채(CB) 등을 이용하여 연속적인 M&A를 하면서 기업을 파괴하고 주식시장을 어지럽히는 행위들이 다수 목격되었다.

영자에게 경각심을 주고, 체질을 개선함으로써 경쟁력을 높여 주주의 정당한 몫을 주장하는 것을 목적으로 하는 장기적 관점을 가져야 할 것이다. 경영참여를 통해 방만한 경영자를 견제하고 주주의 이익을 제고하겠다는 주주 행동주의 사모펀드들이 다양하지만 애초 추구하던 가치에서 벗어나 단기적 이익만을 챙기는 것은 아닌지 감시와 비판의 대상으로 삼아야 한다.

국민연금이 단순히 투자수익을 얻는 것이 아니라 스튜어드십 코드Stewardship code를 도입해 적극적인 의결권 행사를 하는 것이나, ESG 투자와 같이 사회적 목적을 가진 펀드들이 등장해 경영에 영향을 미치는 것 역시 지배구조 개선에 도움이 될 수 있을 것이다. 그러나 단순한 평가공식을 만들어 모든 회사에 일률적으로 적용하는 것은 잘못된 유인을 제공할 수 있음에 유의해야 한다.

워런 버핏의 장기적 관점과 경영자 보상

윤리적 경영자상과 장기적 관점에서 경영을 감시하는 투자자가 중요하다는 주장을 했다. 이것을 잘 하는 사람이 투자의 대가인 워런 버핏이다. 워런 버핏이 수많은 투자자들에게 영감을 주는 것은 단지 세계적인 부호이기 때문만이 아니라 실제 현실에 근거한 상식적이면서도 합리적인 의견들을 제시하고 실행하기 때문이다.

워런 버핏은 주주총회와 매년 직접 작성하는 주주서한을 통해 주주들과 소통하는 것을 즐긴다. 각종 인터뷰, 총회, 서한에서 드러나는 워런 버핏의 관점은 철저히 장기 지향적이다. 이것은 투자자 입장에서뿐만 아니라 경영자에게도 마찬가지다. 워런 버핏은 주주들에게 장기적 관점에서 투자하기를 설득하고, 버크셔 해서웨이가 지분을 보유한 기업의 경영자들도 장기적인 관점에서 경영을 하도록 요구하고 그렇게 할 수 있는 환경을 만들어준다.

투자자로서 워런 버핏은 주식투자는 주식을 사는 것이 아니라 기업을 사는 것이라는 점이라고 조언한다. 즉 주식은 끊임없이 매입하고 매도하는 대상이 아니라 애초 주식의 본질인 기업의 동업자가 되는 것임을 강조한다. 일생 동안 총 20회만 투자한다는 마음가짐으로 투자를 하라고 조언한다. 버크셔 해서웨이의 주주들에게도 주식을 수시로 사고파는 투자자들은 버크셔가 원하는 동업자가 아니며 버크셔를 이해하고 버크셔의 정책에 동의하기 때문에 장기간 투자하려는 사람을 원한다고 말한다. 자신들은 현재의 주주들을 모시고 있는 것에 무척 만족한다면서 굳이 새로운 주주들을 끌어들이고 싶지 않다고 한다.

버크셔는 종종 정직하고 능력 있는 경영자가 있는 회사의 지분을 모두 사들이곤 한다. 단기 전망과 보고되는 이익에 집착하는 상장회사 경영자들은 자신의 보상과 자리를 지키기 위해서 종종 장기적 관점을 희생한다. 버크셔는 경영자에게 지분을 팔라고 설득할 때 버크셔가 회사를 인수해도 경영자는 회사를 계속 경영하도록 할 수 있으며, 경영자에게 좋은 점으로서 형식적이고 비생산적인 일을 모두 없애 준다는 점을 제시한다. 상장사로서 이사회, 인터뷰, 증권사 발표, 애널리스트 면담, 자금조달 고민 같은 불편한 일을 할 필요가 없으며 장기적인 관점에서 보람에 의해 회사를 운영할 환경을 만들어 주겠다고 한다.

워런 버핏은 인수한 회사의 경영자에게 다음과 같이 단순한 임무를 부여한다고 알려져 있다. 자신이 회사 지분을 100% 보유하고, 회사가 자신의 유일한 자산이며, 100년 이상 회사를 팔거나 합병하지 않는다는 생각으로 경영을 해달라고 요구한다. 경영자가 의사결정을 할 때 당장의 회계 실적을 고려할 필요가 없다고 말하며 결과가 아닌 과정을 강조한다.

또, 미국에서는 경영자들에 대한 과도한 보상이 문제가 되고 있다. 회사의 실적이 좋지 않을 때에도 경영자들이 막대한 보상을 챙기는 것에 대한 비판의 소리가 높다. 미국 경영자들의 높은 보상에 대해, 경영자들이 회사의 가치를 증가시킨 것에 해당하는 만큼 정당하게 받고 있다는 주장과, 경영자들이 영향력을 행사해 적정한 수준보다 높은 보상을 받고 있다는 주장이 혼재한다.

보상은 뛰어난 인재가 회사에 남아 있도록 유지하고, 외부의 뛰어난 인재를 끌어올 수 있을 만큼 지급해야 한다. 그런데 경영자의 '자존심'이나 '불공평'하다는 느낌 때문에 경영자가 만족하는 수준의 보상이 계속 증가하는 것일 수 있다.

2003년 미국 에모리 대학의 브로스넌 및 드 발 교수는 네이처 지에 흥미로운 원숭이 실험 논문을 발표했다.[6] 실험자들은 원숭이들을 두 마리씩

---

6 Brosnan, Sarah F. and Frans BM De Waal, "Monkeys reject unequal pay." Nature 425,6955, 2003.

짝지어 실험을 수행했다. 처음에는 원숭이가 돌멩이를 주워 오면 공평하게 오이를 보상으로 주었다. 원숭이들은 돌멩이를 오이와 바꾸어 가는 과제에 계속 응했다. 그런데 한 마리에게만 더 맛있는 포도를 주면, 오이를 받는 원숭이는 과제를 하지 않거나 보상으로 받은 오이를 던지는 등 항의를 했다. 아예 돌멩이를 주워 오지도 않았는데도 포도를 주면, 계속 오이만 받게 되는 원숭이는 더욱 심하게 과제를 거부하고 항의 표시를 했다.

이 실험은 영장류에게 사회적인 불평등과 불공평, 부당함에 저항하는 본능이 있음을 제시하는 사례로 인용되지만, 영장류가 가진 본연의 질투심에 대한 이야기이기도 하다.

오늘날 경영자들의 보상 규모와 순위는 공시의 대상이며 흥미진진하게 시시각각 언론에 보도된다. 누가 어떤 규모의 보상을 받는지를 바로 알 수 있고 자신의 보상과 비교할 수 있다. 이 경우 공평하게 오이를 받을 때에는 불평이 없던 원숭이가, 다른 원숭이가 포도를 받게 되면 불만을 표출했던 것처럼 경영자들도 자신과 비슷하거나 심지어 못하다고 생각되는 경영자가 더 많은 보수를 받게 될 때 불만을 가질 수 있다. 보수의 절대적인 규모의 문제가 아니라 상대적인 규모가 문제가 되는 것이다. 자신의 사업체를 운영하는 사람이라면 영향을 덜 받겠으나, 용병과 같이 고용된 입장이라면 보상의 규모가 자신의 중요성과 능력을 대변하며, 자존심의 문제가 되기도 한다.

워런 버핏은 경영자들이 커다란 보상을 받아야 동기부여가 된다는 관점에 반대한다. 버핏은 보상으로 동기를 부여받는 것이 아닌, 회사를 잘 운영하고 성장시키는 것 자체에서 만족감을 느끼는 경영자의 중요성을 강조한다. 워런 버핏은 기업을 통째로 인수하거나, 대규모의 지분을 매입하는 투자를 주로 한다. 인수한 회사의 경영자들에게는 회사가 자기 재산의 전부라고 생각하고 절대 팔지 않을 것처럼 생각하기를 요구한다. 요구에 걸맞게 피인수 회사의 경영자들이 계속해서 경영하도록 지원하며, 간섭을 최소화하고 성과로 재촉하지 않는 것으로 유명하다.

워런 버핏은 운영하는 회사인 버크셔 해서웨이의 이사들이 회사가 제공하는 보상에 의존하기 보다는, 재산의 대부분을 스스로 매입한 버크셔의 주식으로 구성하도록 하고, 버크셔 주식의 가치를 높임으로써 보상 받음에 자랑스러워한다. 버크셔의 이사들은 보수 증가가 진정한 동기 부여 요소가 아니고 중요한 기업을 잘 관리한다는 사실에서 만족감을 느끼는 사람이라는 것이다. 버크셔 후임 CEO가 될 사람들도 많은 돈을 벌 것이지만 자신의 업적이 아무리 커도 자존심이나 탐욕에 이끌려 소득이 가장 높은 동료만큼 보수를 받으려 해서는 안 된다고 강조한다.[7]

경영자들에게 자기 사업을 한다는 사명감을 심어줌으로써 굳이 자존심 때문에 더 높은 보상을 바라는 마음이 들지 않게 하는 것은 워런 버핏의 혜안이라 할 수 있겠다. 실제로 버크셔에 지분을 매각한 경영자들이 한 명도 회사를 떠나지 않고 계속 경영을 하고 있다는 것이 워런 버핏의 자랑이도 하다. 참고로 워런 버핏은 주가에 연동해 과도한 보상을 제공하는 현실을 비판하면서 주로 기업의 실적인 '영업이익'[8]에 기반을 둔 보상을 중시한다.

---

7 미국 경영자들의 보상수준에 비해 한국 경영자의 보상수준이 우려할 만큼 높다고 보지 않는다. 다만 높은 보상이든 낮은 보상이든 합당한 이유가 있어야 할 것이다.
8 버핏이 사용하는 영업이익은 회계상 영업이익과 동일한 것은 아니지만 유사하다.

기업은 왜 사회적 책임을 져야 하는가

주주 이익의 극대화와 주주 효용 극대화의 차이

전통적 경제학에서 인간을 '호모 이코노미쿠스homo economicus'로 가정한다. 사람은 자신의 효용utility을 극대화하는 선택을 하는 이기적인 존재라는 것이다. 그러나 효용은 소비자가 느끼는 주관적인 만족을 의미하며 효용을 측정하는 것은 어려운 일이기 때문에 간단하게 금전적인 부wealth로 효용을 대신 측정한다. 상당히 타당한 가정이다. 사람은 자신에게 효용이 높은 선택을 하고, 효용은 많은 경우 돈의 크기에 비례한다.

하지만 우리는 사람이 돈만을 원하는 단순한 존재가 아니라는 것을 잘 알고 있다.[9] 인간이 금전적 이익을 추구한다고 가정해 세상의 시스템을 만드는 것은 효과가 있지만 현실에서 자신의 이익만을 추구하는 이기적인 인간상을 이상적인 모습으로 여기지는 않는다. 불법이 아니기만 하면 된다고 양심을 편하게 내려놓고 법을 지키는 것만으로 인간의 도리를 다한다며 수단과 방법을 가리지 않고 자신의 이익만을 챙기는 존재를 꺼려 한다. 개인의 목적이 '부의 극대화'는 아닌 것이다. 호모 이코노미쿠스 가정 자체가 무조건 자신의 금전적 이익만을 추구하는 존재를 의미하는 것이 아니라 본래 주관적 만족인 효용의 극대화를 추구하는 존재를 의미한다.

우리는 법은 최소한의 도덕이라는 것을 알고 있으며 사람들이 단지 법

---

9 모든 사람의 효용이 부에 의존하거나 비례하지는 않는다. 경제학자들의 존재 자체가 이를 증명한다. 경제학자들은 우수한 두뇌로 다른 일에 몰두했으면 경제학을 공부하는 것보다 훨씬 많은 부를 얻었을 사람들이다. 하지만 남들과 다른 선호를 가지고 있고 돈보다는 학문에 가치를 두고 있기 때문에 부를 희생하고 학문을 택했다.

을 지키는 것을 넘어서 도덕적인 행동을 하기를 기대한다. 그런데 유독 사람이 만든 가상의 실체인 회사에 대해서는 회사의 이익을 극대화하는 것으로 본분을 다한다는 말이 이론적 논의의 범위를 넘어서 당연하게 받아들여지곤 한다. '회사의 이익을 극대화하는 것이 기업의 유일한 사회적 책임'[10]이라는 학자들의 주장은 경영자들에게서 자신의 양심과 회사의 이익 사이에서 고통스럽게 고민하는 무게를 거둬버리고, 이익을 우선해 추구하는 행동에 거리낌이 없도록 면벌부를 쥐어 주었다. 효율성을 위해 사회적 책임을 희생했던 것이다.

개인의 목적이 '부의 극대화'가 아닌데 주식회사라고 다를 것인가. 경영자가 주주의 이익을 극대화하는 의사결정을 해야 하는 것이 맞는다고 하더라도, 주주가 바라는 이익이 회사의 이익을 높이는 것에 국한하는지도 의문이다. 어차피 주식회사라는 개념 자체를 사람이 만든 것인데 주식회사의 목적을 '이익의 극대화'라고 한정할 필요가 있는 것인가. 기업과 경영자에 대해서 도덕적인 행동과 사회적 책임을 요구하는 것이 과한 것은 아니다.

---

10 경제학자인 밀턴 프리드먼(Milton Friedman)의 1970년 뉴욕 타임스 기고문에 쓰인 말로, 기업의 책임과 관련해 늘 등장한다. 밀턴은 자유시장을 강력하게 옹호한 경제학자로서 국가의 개입을 최소화하는 것을 주장했는데, 자유롭고 열린 시장이 존재하는 세상에서 매우 합리적인 제안으로서, 관습적으로 행했던 사고와 행위에 제동을 걸고 다시 생각해보는 계기를 주었다. 하지만 현실의 세계는 시장의 실패가 발생하는 세계로서 모든 것이 이상적으로 작동하지는 않는다. 프리드먼의 의사 면허제 폐지, 마약 자유화와 같은 아이디어가 널리 받아들여지지는 않는 것은 우리가 현실의 한계를 인지하기 때문이다. 노벨 경제학상 수상자의 말이라고 하여 유독 기업에 관한 그의 관점을 그대로 받아들일 필요는 없다.

더 높은 수준의 욕구 단계

6.25 전쟁으로 모든 것이 황폐화된 상황에서 우리 국민의 목표는 '굶지 않고 사는 것' '잘 사는 것'에 집중되어 있었다. '우리도 한 번 잘 살아 보세'라는 구호 아래 빈곤을 극복하는 데에 역량을 집중하면서 전 세계 국가 중 유일할 만큼 놀라운 경제 성장을 이루어 냈다. 현재 한국은 세계적으로 인정하는 선진국의 자리에 서게 되었고 다른 나라 사람들이 방문하고 알고 싶어 하는 국가가 되었다. 우리도 단순히 생존을 목표로 살아왔던 것에서, 맛있는 음식, 나의 개성을 표현하는 옷, 편안함을 느낄 수 있도록 내 손으로 꾸민 집, 새로운 경험과 휴식을 위한 여행 등 삶의 질을 추구할 수 있게 되었고 인생의 의미를 찾거나 봉사, 사회적 활동에 더 관심을 가질 수 있게 되었다. 삶의 목표가 당장 살아남는 것에서, 보다 사람답게 살 수 있는 것으로 발전해 왔다.

지구적으로 인류가 이렇게 번성하게 된 것은 산업혁명 이후에 벌어진 일로서 회사라는 수단을 통해 놀라운 생산성의 향상을 이루어 냄으로써 가능했다. 세계적으로도 절대적인 기준에서의 빈곤을 상당히 벗어나고 이제 생존이 아니라 의미와 삶의 질을 추구할 때가 되었다. 사람의 욕구에도 단계가 있는 것처럼 기업에 대해 단지 주주의 이익을 추구하는 것을 넘어 사회적 책임을 묻는 것은 충분한 성장을 이룬 상황에서 자연스러운 일이기도 하다.

앞서 주식회사의 역사를 통해 주식회사라는 법적인 구조가 갑자기 등장한 것이 아니라 오랜 시간을 거쳐 진화해 왔음을 살펴보았다. 초기의 주주는 경영 의사결정에 관여할 수 없었고, 이사회는 주주를 대표하지도 않고 주주의 의사와 무관하게 구성되며, 회사는 경영 상태를 주주들에게 제대로 알려주지도 않았다. 수많은 법적 다툼과 갈등과 조정을 통해 오늘날 다듬어진 주식회사라는 법적 실체와 기구에 대한 합의가 이루어진 것이다. 그리고 모든 것은 변하듯이 우리가 알고 있는 현재의 주식회사의 개념도 시간에 따라 변해갈 것이다.

기업의 목적을 '이익을 늘려 주주에게 환원하는 것'으로 간단하게 정의해 회사가 벌어들인 금전적인 이익으로 성과를 측정하는 것은 의사결정 기준을 확실히 함으로써 복잡한 상황에서 결정을 도와 기업 경영의 효율성을 높인다. 목적이 단순한 지표 하나로 정해졌기 때문에 고도의 집중이 가능하고, 집중의 결과 생산성이 높아져서 결국 더 많은 사람들에게 혜택이 되었다.

하지만 이제 경제적 측면으로 인류는 많은 발전을 이루어 기아나 빈곤과 같은 문제가 배분의 문제이지 절대적인 생산량 부족의 문제가 아니게 되었다. 기업의 목적을 이익으로만 측정해 얻는 효율성에 대해서도 다시 생각해 보아야 한다. 중요한 것은 회사 자체가 창출해 내는 전체적인 가치다. 그것을 불완전하지만 편리한 이익이라는 수치로 측정했을 뿐인데, 주객이 전도되어 이익수치를 높이기 위해 회사가 창출해 내는 전체적인 가치를 희생시키는 것은 아닌지 고민할 시기다.

이것은 국가들이 GDP를 대하는 것과 비슷하다. GDP가 많은 것을 대변하기에 GDP 성장 목표치를 설정하고 관리해 나가지만, 때로는 GDP 그 자체가 목적이 되어 어떻게든 목표치만 달성하려는 모습들을 종종 볼 수 있다. 이익이나 GDP 같은 것은 측정을 위해 우리가 만든 지표일 뿐이며 모든 것을 다 담아내지 못하는 한계가 있다는 점을 잊지 않아야 한다.

주식회사의 주인을 '주주'라고 보는 것도 모든 시대를 거쳐 공통적으로 받아들여졌던 것도 아니며, 오늘날 법적으로도 주주는 주식회사에 대해 여러 권리가 있는 사람을 의미하지 주인이라고 못 박아 정의하지도 않는다. 그리고 설령 주주를 주식회사의 주인이라고 본다 하더라도 경영자가 주주의 이익만을 위해서 일해야 한다는 것은 닫힌 생각이다. 회사는 '법인'이다. 회사가 법적인 사람이라면, 사람이 주어진 상황에 따라 목표를 바꾸는 것처럼 계약자들이 동의한다면 회사의 목표도 바꿀 수 있다.

주식회사가 받는 사회적 혜택

단지 도덕적이어야 한다는 당위 외에 기업에게 사회적 책임을 물을 수 있는 합당한 이유가 있는가. 회사는 이미 '법인격의 인정'과 '유한책임'이라는 사회적 합의의 커다란 혜택을 누리고 있다. 사업을 할 때 '법인'으로서 하기 때문에 경영자와 투자자가 소송을 당할 위험이 줄어들고, 유한책임 제도로 인해 회사의 투자자는 회사 채무에 대해 개인적인 상환 책임을 지지 않는다.

중요한 점은 사업의 실패에 대한 책임 중에서 주주는 일부만을 부담한다는 것이다. 주주가 유한책임을 지는 동안 나머지 책임은 사회가 감당한다. 회사가 실패했을 때 채권자는 빌려준 돈을 잃는다. 채권자는 누구인가. 회사의 채권을 산 금융기관, 돈을 빌려준 은행들이 가장 가까운 당사자이지만 넓게는 그 금융기관에 돈을 맡겨 둔 수많은 사회의 구성원들이다. 또한 회사의 파산 과정에서 일자리를 잃게 되는 노동자, 물품 납입 대금을 제대로 회수하지 못하게 되는 공급자들도 책임을 나누어 부담하게 되는 것이다. 즉 주식회사는 그 존재 자체로 회사의 채무 리스크를 전체 사회가 나누어서 지는 혜택을 받고 있는 것이다. 새로운 아이디어와 기회에 적극적으로 도전하도록 유도하기 위하여, 사회적으로 비용을 감수하는 것이다.

또한 회사는 생산을 하는 과정에서 필연적으로 환경오염과 같은 부정적인 외부효과외부불경제, external diseconomy를 일으킨다. 따라서 회사와 주주, 기업가는 사회에 이익을 환원하고 공헌해야 하는 도덕적 책무가 있다. 회사가 영리활동을 하는 데에 사회의 배려를 누리기만 하는 것이 아니라 그만큼 책임을 져야 하는 것이다.

그런데 기업이 사회적 책임을 져야 한다는 데에 공감하는 것과 ESG라는 이름으로 측정하고 평가하자는 것은 다르다. 일단 ESG라는 말 자체에서 환경Environmental, 사회Social 및 지배구조Governance는 대등한 관계도 아니고 범위가 너무 넓다. 아직 어떻게 평가해야 할지 표준과 방법도 정해지지 않아서 평가기관마다 상이한 기준으로 평가를 하기 때문에 한 기업에 대한 평가점수가 일관되지도 않다.

이런 상황에서 기업의 경영을 해야 하는 경영자는 혼란을 겪을 수밖에 없다. 정부가 ESG 평가점수를 공공조달사업 입찰에 반영하고, 대기업은 ESG 수준이 미달하는 중소기업과 거래를 하지 않는다는 등의 ESG 경영 도입은 평가를 받아야 하는 기업의 비용을 높이고, 단순히 표면상으로만 ESG를 실행하는 것처럼 하는 부작용을 낳을 수 있다.

경영자가 진정으로 ESG 경영을 실천하고자 하더라도 실행하는 과정뿐만 아니라 경영 판단에 있어서도 비용이 발생한다. 투자계획에서 과거에는 단순히 이익을 고려해 판단함으로써 빠르고 효율적인 결정이 가능했다면, ESG를 고려해야 하는 의사결정에서는 무엇을 우선해야 할 지 고려 요소가 많아져서 판단이 늦어지고 어려워진다. 그리고 경영자가 평가받는 기준이 결국 기업의 경영성과에 의해서라면 경영자는 ESG를 하는 척만 할 유인이 높아진다.[10] 평가 기관만 돈을 버는 구조가 생성되고 기업의 효율은 떨어져서 단순하게 기업은 이익 추구를 목적으로 하되, 정부가 관련 규제를 강화하는 것보다 못한 상황이 될 수도 있다. 따라서 ESG에 반대하는 측도 충분히 이해할 수 있다. 중요한 것은 ESG를 주장하는 이들이 기업이 당면하는 현실적인 고충을 무시하고 주장하는 것이 아니라는 점과, ESG에 반대하는 이들이 기업의 사회적 책임을 외면하자는 것이 아님을 상호 이해하는 것이다. 서로를 존중하고 이해하는 토대 위해서 발전적인 논의가 가능해진다.

법으로만 제약하기에 기업은 너무 크고 세다

단순히 법으로 기업에 제약을 가하는 것을 넘어 기업에 사회적 책임을 묻는 가장 큰 이유는 오늘날 거대 기업의 힘과 영향력이 국가를 초월할 만큼 크기 때문이다. 기업의 힘이 곧 국가의 힘인 시대이다. 2022년 5월 미

---

10 유제품과 에비앙 생수 등을 제조하는 프랑스 기업 다논(Danone)의 전임 CEO 엠마뉴엘 파버(Emmanuel Faber)는 2014년 취임해 ESG에 앞장섰지만 기업성과 부진으로 2021년 CEO직에서 물러났다. 경쟁사인 유니레버와 네슬레 주가가 5년간 30%, 45% 상승하는 동안 다논의 주가는 떨어졌다. 이후 엠마뉴엘 파버는 IFRS재단으로부터 초대 국제지속가능성기준위원회(ISSB) 위원장으로 선임되어 2022년부터 3년간 역임을 하게 되었다.

국 바이든 대통령이 처음 한국을 방문했을 때 가장 먼저 들른 곳이 삼성전자 평택 반도체 공장이었다는 것은 기업의 중요성을 보여주는 상징적인 일이었다.

오늘날 기업은 과거의 기업과 비교할 수 없을 정도로 엄청나게 커져서 초거대 기업의 매출액이나 이익이 어지간한 국가의 예산이나 GDP보다도 크다. 2021년 3월 기준 애플의 시가총액은 2조 달러를 돌파했다. 세계적으로 애플의 시가총액을 넘는 연간 GDP를 기록하는 국가는 고작 7개 밖에 되지 않았다. 애플 시가 총액보다 낮은 GDP를 보고하는 국가들이 이탈리아, 브라질, 캐나다라는 것은 각 국가의 위상과 규모를 생각했을 때 놀라운 일이다. 이들 각 국가가 1년 동안에 총생산하는 부가가치로 애플이란 기업 하나를 살 수 없다는 것이다.

오늘날 대규모 기업은 국가가 국민에게 미치는 것만큼 큰 영향을 미치게 되었으며 기업의 활동은 세계 구석구석까지 서로 밀접하게 연관되어 있다. 큰 힘을 가지고 있기 때문에 그만큼 큰 사회적 책임을 물을 수밖에 없다.

대기업이므로 할 수 있다

지구를 위해 더 늦기 전에 무엇인가를 해야 한다는 다급한 상황에서 ESG 논의는 세계적인 흐름이다. 하지만 사회와 환경을 지키기 위해 기업만 ESG 경영을 한다고 될 일인가?

개인은 사회적 책임을 얼마나 지면서 기업에게 사회적 책임을 지라는 요구를 하는 것인가. 사람들이 스스로 환경을 보호하기 위해 욕망을 억제하고 탐욕을 부리지 않고 적당히 만족하면서 살면 되는 것이 아닌가. 유행에 따라 옷을 샀다가 쉽게 버리지 않고, 음식을 먹을 때 고기를 덜 먹고 과하게 남기지 않고, 커피 한 잔, 물 한 모금 먹겠다고 플라스틱을 한 번 쓰고 버리지 않고, 대중교통을 이용하고, 귀엽지만 고양이와 개를 덜 기르고, 실내 온도를 조금 더 실외 온도와 비슷하게 맞추면 되는 것 아닌가. 굳이 기업이 복잡하게 탄소배출량을 계산하고, 사회적 공헌활동을 얼마나 하고 있는지, 재생 에너지를 얼마나 쓰고 있는지 계산하고 감시할 필요가 없지 않은가. 애초에 인간이 욕망을 통제할 수 있다면 이렇게까지 위기에 오지도 않았을 것이다.

대기업은 대규모로 자원을 사용하고 소비자에게 공급한다. 규모의 경제를 이루고 있는 만큼 대기업이 환경과 같은 문제에 더욱 관심을 가지는 것은 수많은 개인이 조금씩 환경을 위해서 노력하는 것보다 더욱 큰 효과를 낼 수 있다. 대기업이 그저 포장방식 하나만 바꾸면, 재활용을 위해 개인들이 일일이 라벨을 떼고 분리수거를 하는 노력을 쏟지 않고도 같은 효과를 낼 수 있다. 대기업이 재생 가능 에너지 설비를 도입하고, 효율적인 전력관리 시스템을 도입하는 효과는 개인들이 집집마다 전등 하나를 끄는 일보다 더 효과적이다. 대기업은 효율적인 전 세계적 물류시스템을 구축하고, 진보된 전기발전 시스템을 만들 수 있다. 국가가 규제와 지원을 할 수 있지만 대기업 스스로가 나서도록 하는 것은 빠른 시간에 전 세계적인 효과가 있을 수 있다. 그렇기에 우선적으로 기업에 ESG로 대변되는 책임을 요구한다.

ESG 논의가 계속되고 환경, 사회 등과 같은 것의 가치를 경영자의 인센티브에 녹여내기 위해 연구소와 학자들이 총동원 되어 ESG 수준을 측정하고자 애쓰고 있다.[11] 경영학자들은 기업에게 사회적 책임을 묻고 ESG를 기준으로 평가를 하고 점수를 부여하는 것을 '측정하지 못하는 것은 관리할 수 없다'는 차원에서 접근하고 있지만, 모든 것을 측정할 수도 없고, 그럴 필요도 없다. 목표를 간결하고 명확하게 하는 것은 성취에 효과적이다. 모든 것을 정확하게 측정하려 규정 만들기에 매달리기 보다는 가장 중요한 것들에 대해서만 대충이라도 측정해 집중적으로 관리하는 것이 실행을 가능하게 할 것이다.

---

11 기업과 기업의 거래에서 ESG를 위한 활동에 인센티브를 줄 수 있다. 여러 대형 기업들은 '2050년까지 재생에너지(Renewable Energy) 100% 사용'을 의미하는 RE100 캠페인에 참여하고 있다. 애플은 메모리칩을 만드는 SK하이닉스의 주요 고객으로서 RE100에 참여하도록 압력을 넣었다.

8장

주식회사에 대한 오해들

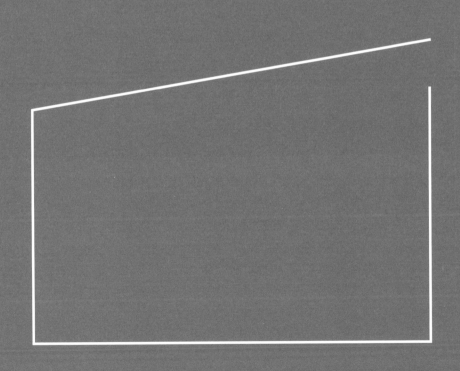

지금까지 주식회사에 대해 여러 측면에서 살펴보았다. 특히 기업지배구조에 대해 길게 서술했는데 그만큼 중요한 문제이기 때문이다. 여러 문제들이 산재해 있지만 가장 큰 문제점은 우리들이, 경영자들이, 국가의 중요한 의사결정을 하는 이들조차 '주식회사'에 대한 개념을 바르게 이해하지 못하고 있다는 데에서 비롯된다.

마지막 장에서는 주위 사람과 대화를 하거나 기사 등을 통해 접한 내용들 중 주식회사에 대한 이해가 부족해 발생하는 오해들에 대해서 정리했다.

일반적인 오해

흔히 잘못 이해하는 경우가 기업을 개인의 것이라고 생각하는 것이다.

일부는 맞고 일부는 틀렸다. 회사의 소유권(지분)을 특정 개인이 온전히 소유하고 있다면 개인의 회사일 것이다. 그러나 소유권이 분산되었다면, 특히 소유권이 다수의 주주에게 분산 소유된 상장주식회사라면 그 회사는 어떤 개인의 소유가 아니다.

일반적인 경우 자식에게 소유권을 물려주는 것은 자연스러운 일이지만 상장주식회사의 경영권을 자식에게 물려주는 것은 조금 다르다. 상장주식회사의 경영은 주주 의사의 총합으로서 회사를 가장 잘 이끌 수 있는 사람이 맡는 것이 타당하다. 자식이라고 자연스럽게 물려주는 것은 개인회사에서는 가능하지만, 소유권이 분산 소유된 상장주식회사에서는 자연스럽지 않은 일이다.

아직 우리사회의 상당수는 '자기 자식에게 자기 회사를 물려주겠다는데 이것이 왜 문제냐'며 재벌가의 2세, 3세가 경영을 세습하는 것에 대해 아무런 문제의식을 느끼지 못한다. 비근한 예를 들자면 일본에서는 국회의원 선거에서, 할아버지, 아버지, 손자로 지역구를 물려받는 세습이 일반적으로 이루어진다. 그러나 이러한 세습이 일본에서 자연스럽게 받아들여질지언정, 우리에게는 어색한 일이고, 국민의 의사를 대변하는 국회의원 지위의 본래 취지를 생각할 때에도 적절하지 않다.

기업에 있어서도 마찬가지다. 상장사의 경영권을 자식에게 물려주는 것은 당연하지 않다. 빌 게이츠가 자식에게 MS를 물려주었다거나, 스티브 잡스의 딸이 애플의 CEO가 되었다든지, 일론 머스크의 아들이 경영자 수업을 받고 있지는 않다. 자손들이 경영에 참여할 때 직접 CEO가 되기보다는 주로 이사회의 이사나 이사회 의장으로 영향력을 행사한다.

경영자들의 오해

'주식회사' 자체에 대한 이해가 부족한 경영인들이 많다. 주주들과 자신과의 관계는 어떠한 것인지, 상장을 했다는 것은 어떠한 의미이며, 어떤 책임을 져야 하는지에 대해 피상적으로만 알고 있어서 문제가 되는 행위를 하면서도 인지하지 못하는 경우가 있다.

우리나라 오너(지배주주이자 경영자)가 다른 나라의 경영자나 지배주주보다 특별히 더 나빠서 소액주주들의 이익을 빼앗고 기업을 사유화하는 데에 매진하는 것이 아니다. 경제 발전 과정에서 상황상 주식회사를 개인이 소유하는 회사처럼 인정하는 경향이 계속되었기에 오너들도 자연스럽게 '내 회사'라는 생각이 굳어졌고, 상속문제에 있어서 세금 문제 등을 회피하려다 보니 지배구조 문제가 고착화 되었다. 이사회의 이사들도 자신들의 역할과 책임이 누구를 향해야 하는지 잘 모르고 있기도 하다.

긍정적인 점은, 오너들이 회사를 자신의 것으로 생각하면서 장기적인 관점에서 열과 성을 다해 경영을 할 수 있었다는 점이다. 과거 현대그룹의 정주영 회장 등은 그룹 전체를 전부 개인기업처럼 경영하면서 기업을 키워왔다. 사업보국, 빈곤극복 등 사명감을 가지고 있었고, 실제로 사업 확장 자체가 국가경제에 이바지할 수 있었던 시기였기에 정치적, 사회적으로 그룹 전체에 대한 경영권을 인정했다.

나쁜 점은 오너가 사리사욕을 위해 소수주주의 이익을 훼손할 수 있다는 점인데, 종종 오너들은 자신이 회사와 주주들의 이익을 침해한다는 인식조차 하지 못한다. 너무나 익숙하게 내 회사라고 생각하기 때문이다.

오너들이 '내 회사'라는 주인의식을 가지는 것은 좋으나 '나만의 것'이라는 오해는 하지 않아야 한다. 어느 기업의 오너가 내 회사를 통해 내 가족이 경영하는 회사를 도와주는 것이 무슨 문제냐고 말하는 것을 본 적이 있다. 하지만 해당 기업은 상장사로서 오너 경영자가 지분을 100% 소유한 것이 아니기 때문에 가족 기업에게 일감을 몰아주는 것은 다른 주주들의 이익을 침해하는 문제가 있다.

예를 들어, 회사가 정상적으로 입찰을 하면 5,000원에 제공할 수 있는 급식을 가족 회사로부터 6,000원에 제공받고 있다면, 그 회사는 1,000원씩 추가 비용이 발생하는 것이고 그만큼 전체 주주들은 손해를 보는 것이다. 그러나 총수의 아들이 급식업체의 지분을 가지고 있다면 총수일가로서는 급식업체로부터 1,000원만큼씩 이득을 보게 되므로 손해가 아니다. 비지배주주는 손해를 보고, 총수일가는 이득을 보는 것이니 다른 주주의 부를 아들에게 이전하는 것이다.

예전에는 관행적으로 용납되었던 행위였다 할지라도, 시대가 바뀐 만큼 오너들은 주식회사, 특히 상장주식회사의 경영자란 어떤 지위를 가지고 있는 것인가를 제대로 인식하고 행동해야 한다. 그렇지 않으면 공정거래위원회의 제재뿐만 아니라 사회적 비난을 받을 수 있다. 국내에서는 그룹사의 전산 정보를 관리하는 시스템통합 기업이나, 그룹사의 광고나 급식을 제공하는 업체에 총수일가의 지분율이 높은 편이다.

정치인들의 오해

기업지배구조가 관심의 대상이 되고 논란이 되는 경우는 사실 관련한 새로운 법안 등이 도입되거나 폐지될 때이다. 따라서 법안을 만드는 국회의원, 실행하는 장관들, 행정부 수반인 대통령이 주식회사에 대한 인식을 바로 갖는 것이 중요하나.

종종 정치인들의 발언이나, 입법 관련 논의에서 주식회사에 대한 인식 부족으로 인한 잘못된 논의들을 보게 된다. 이것이 일회적이고 영향력이 크지 않다면 큰 문제가 되지 않겠으나 지속적이고 국가적으로 큰 영향을 미치는 문제라면 짚고 넘어가야 한다.

정치인들 중에서도 주식회사를 개인의 회사로 잘 못 이해하는 경우가 많다. 그래서 회사를 자식에게 물려주는 문제에 대해서 지배주주와 비지배주주간의 이해상충 문제를 간과하는 경우나, 회사의 이익을 분배하는 문제에 대해서 주주를 무시하는 경향을 보이기도 한다. 대표적인 두 가지 경우를 살펴보자.

사내유보금 논의의 허상

2020년 6월, '코로나19국난극복위원회 비상경제대책본부 기업 태스크포스'에서 '대기업 사내유보금이 상당히 있는데, 기업과 정부와 일부 공공기관이 같이 출연을 해서 협력업체에 대한 각종 금융을 원활하게 해 달라'는 주문이 제기되었다.[1] 2020년 3월 9일, 민주노총은 코로나19로 인한 어려움을 극복하기 위해 모든 국민에게 100만 원 '재난생계소득'을 도입하자는 주장을 했는데, 그 재원으로서 "30대 재벌이 쌓아 놓은 사내유보금이 950조 원에 달하는데, 곳간을 열어 당장 10% 정도만 기금으로 출연하면 국가 재난 상황에서 많은 문제가 해결될 것"라고 말했다.[2]

2014년에는 기업이 '사내유보금'을 쌓아 놓아 투자와 고용에 도움이 되지 않으니 사내유보금에 과세를 하겠다는 법안을 도입해야 한다는 논의로 시끄러웠다. 입법 과정에서 '과도한 현금성 자산 줄이기'로 바로잡기는 했으나, 기업소득환류세제라는 법안 자체가 '사내유보금'이 오용되어 정책의 근거로 사용된 예이다. 이후에도 사내유보금에 기반을 둔 법안이 19대 국회에 4건 의원발의 되었다가 기간만료로 폐지되었다. 2016년 6월 개원한 20대 국회에서도 사내유보금을 지목한 발의안이 2건이다(2020년 8월 말 기준). 법인세법 일부개정법률안에 대한 20대 국회 최초의 발의안(의안번호 2000081)에서는 "투자와 고용효과는 나타나지 않고 사내유보금이 753조 6,000억 원이 쌓인 반면"이라는 표현으로 사내유보금을 명시했다.[3]

이러한 주장에 대해 끄덕이며 동의를 한다면 '사내유보금'에 대해 오해를 하고 있는 것이다. 국내에서 대표적으로 소모적인 논의가 사내유보금이 과다해 나누어 주어야 한다는 논의다. 이러한 주장은 '사내유보금'에 대한 두 오해에서 비롯된다. 첫째, 사내유보금이 투자나 고용 등 생산활동을 회피한 결과라는 측면, 둘째, 사내유보금이 기업에 쌓아 놓은 현금이라는

1 與, 대기업 규제완화 요구에 "사내유보금 협력업체 줘라", 조선비즈, 2020년 06월 11일.
2 모든 국민에게 100만 원 '재난생계소득' 도입하라, 한겨레신문, 2020년 3월 10일.
3 사내유보금의 의미와 정책적 시사점, KERI Brief, 김윤경, 2016년 9월 19일.

측면이다.

제대로 된 논의를 위해서는 '사내유보금'의 개념과, 주식회사의 이익과 재투자에 대해 이해가 필요하다.

이익잉여금과 배당

회사는 가지고 있는 자원(자산)을 이용해 판매를 하거나 서비스를 세공해 수익을 얻는다. 수익을 얻기 위해서 희생되는 자원을 비용이라고 하고 모든 비용을 제하고 난 이익을 당기순이익이라고 한다. 예를 들어 스타벅스에서 커피를 5,000원에 팔면 5,000원이 수익이다. 커피를 만들고 판매하기 위해 들어가는 자원들인 원두, 직원 임금, 전기, 임대료, 세금 등이 비용이다. 이러한 관련 비용을 모두 제외하고 난 것이 500원이라고 하자. 이 500원은 관련자들에게 줄 것을 모두 주고 남은 것이다. 이렇게 마지막에 남은 몫이 주주가 받아갈 수 있는 몫으로서 당기순이익이라고 한다.

당기순이익은 주주들의 몫이니 주주가 받아갈 수 있다. 회사가 주주에게 이익금을 배분해 주는 것을 '배당'이라고 한다. 그런데 회사가 주주들에게 이익을 돌려주는 것보다는 회사가 보유함으로써 사업의 안정성을 높이거나 사업의 확장을 위한 재투자를 하는 것이 더 나을 수 있다. 주주가 재투자를 목적으로 배당을 받지 않고 회사에 남겨 놓은(사내유보) 부분을 구분해 기록한 것이 회계에서 '이익잉여금'이며, 법에서는 주로 '준비금'이라고 부르는 것이다. 사내유보금은 따로 정의된 개념은 아니지만 이익잉여금의 개념과 통한다.

주주의 입장에서 당장 배당으로 돈을 받는 것보다는 회사가 이 돈을 이용해 투자하는 것이 더 나을 것이라는 믿음이 있기에 회사에 남겨 놓는다. 회사는 사내유보된 자금으로 건물을 짓고, 기계장치를 사고, 연구개발에 투자하고, 고용을 하고, 물건을 만들어 팔고 서비스를 제공한다. 그리해 더 큰 이익을 얻게 되면 주주로서도 이익이다.

양계장에 투자하기

비유를 해보자. 친구가 닭을 키우는데 내가 100만 원을 투자했고, 수익금(알)은 나누어 가지기로 했다. 닭이 알을 낳으면 내 몫의 알을 바로 받아가거나(배당), 받아가지 않고 대신 친구에게 계속 닭을 키우는데 써달라고 할 수 있다(사내유보).

달걀을 바로바로 받아간다면 당장 나에게 이익이다. 대신 양계장은 나에게 달걀을 주고 난 나머지를 가지고 투자를 하다 보니 재투자 금액은 적을 것이다. 그 결과 양계장의 규모가 커지는 속도는 더딜 것이다.

만약 내가 그때그때 알을 받아가는 대신에 양계장에 남겨두어 투자를 하도록 선택한다고 하자. 친구는 달걀을 부화시켜 닭의 수를 늘리고, 일부 달걀은 외부에 판매해 돈으로 만들어 닭장을 더 짓거나 닭을 키울 사료를 사고, 양계장에서 일하는 사람을 고용하는 데에 쓸 수 있다. 시간이 지나면 닭의 수는 점점 늘어나게 될 것이고, 나는 지금 당장의 배당을 포기한 대가로 훗날 더 많은 몫을 받아갈 수 있게 될 것이다. 그런데 그동안 내가 받아가는 것을 포기하고 양계장 재투자에 사용한 달걀이 몇 개인지 잘 파악해 놓아야 할 것이다. 그 기록이 바로 회계적으로는 이익잉여금이며 일반적으로 말하는 사내유보금이다.

사내유보금의 의의

즉 사내유보금이라는 것은 회사에 쌓아 놓은 현금이거나 투자를 하지 않고 저금통에 꼭꼭 모아둔 돈이 아니라, 주주들이 자신의 몫을 당장 받아가는 대신에 회사에 남겨 두어 회사를 재정적으로 건전하게 하고, 사업을 확장시키는 목적으로 투자를 하도록 남겨놓은 부분이 얼마였는지 기록한 것일 뿐이다. 사내유보금이 많다는 것은 회사가 악독한 마음으로 착취한 결과도 아니며 투자를 안 해서도 아니다. 주주가 당장 가져가지 않고 기업이 재투자를 할 수 있도록 남겨둔 금액이 많았다는 기록에 불과하다.[4]

그런데 '사내유보금'이라는 용어에 대한 오해로 의미 없는 논쟁이 이루어지고 있다. 이를 바로잡으려고 하기보다, 논의를 확대재생산하는 일부 정치인이 있다는 것이 유감스럽다.

배당을 줄여야 한다는 주장의 문제점

사내유보금 논의와 더불어 정치인들이 오해하는 대표적인 것이 배당과 자사주 매입이 기업이 투자를 회피하는 행위이며, 주주만을 위한 행위로 여기는 것이다.

높은 배당을 줄 수 있는 것은 투자를 게을리 했기 때문이라거나, 배당을 주는 것은 주주만을 위한 행위라는 주장에 대해 각각 생각을 해보자. 길어지더라도 이런 이야기를 하는 이유는 다른 생각을 가진 사람을 비난하기

---

4 계속되는 오용이 정책에 미치는 심각성으로 인해 2016년 한국경제연구원과 한국회계학회의 공동주최로 '사내유보금의 올바른 의미와 새로운 의미 모색' 세미나를 통해 문제점을 지적하고, 사내유보금에 대한 대체적인 용어로서 '세후재투자자본' '세후사내재투자' '내부조달자본' '누계잉여금' 등을 제안하기도 했다. 개인적으로는 '기업획득자본'도 후보로 세우고 싶다.

위함이 아니다. 주식회사에 대한 인식의 차이를 좁히고 서로에 대한 이해를 통해 불필요한 갈등을 줄였으면 하는 바램에서이다.

2021년 10월, 대통령 자문기구인 국민경제 자문회의에서 발주한 보고서가 논란이 되었다. 보고서에서는 "우리 기업의 수익성이 향상되고 금융화가 진전되면서 주주에게 돌아가는 몫은 늘었지만 인건비 지출에는 큰 변화가 없어 기업 내 소득분배가 악화됐다"며 "자사주 소각을 금지하면 기업 내부 자금을 투자와 연구개발 및 고용 창출 등에 사용할 수 있다"라고 지적했다.

기업 현금을 주주에게 환원하는 대신 이 자금을 인건비 인상이나 외부 투자로 연결해 경제적 효과를 최대화하자는 주장이다. 현재 15.4%(소득 2,000만 원 이하 기준)인 배당소득세율도 더 인상해 기업 배당을 억제할 필요가 있다는 게 보고서의 주장이다.

이 보고서의 내용이 밝혀지자 정부가 기업의 자금 사용까지 관여한다, 국내 주식시장의 매력을 더욱 떨어뜨린다는 논란이 일어났고, 자문회는 보고서가 공식견해가 아님을 밝혔다. 그러나 국민경제자문회의는 대통령 곁에서 경제정책 방향을 보좌하는 헌법상 최고 자문기구이기에 공식견해가 아닐지라도 영향력이 있으며, 의사결정자들의 의중을 반영한다는 의심을 거두어들이기 쉽지 않다.

정치적 입장을 떠나서, 배당을 억제해야 한다는 주장에 반대를 하는 이들은 어떠한 이유로 반대하는지를 들어보아야 서로의 견해를 이해하고 합의에 이르는 데 도움이 될 것이다.

과도한 투자는 위험하다

투자를 많이 한다고 좋은 것이 아니다. 투자는 투입대비 수익이 높을 때 하는 것이다. 삶이 어려운 것은 세상의 자원이 무한하지 않고 유한하기 때문이다. 우리는 유한한 자원을 낭비하지 않고 최대한 효율적으로 사용해야 한다. 금융자원, 즉 돈도 유한한 자원이어서 더 생산성이 높고, 성장 기회가 있는 쪽으로 사용해야 한다.

기업 역시도 생물과 마찬가지로 태어나고, 성장하고, 쇠퇴하고, 죽음을 맞는다. 그리고 기업의 수명은 점차 짧아지고 있다.[5] 기업의 수명주기 내에서 금융자원도 함께 순환하면서 유용하게 사용되어야 한다.

기업은 성장 초기에 이익을 내지 못하지만 투자를 위해 많은 돈을 외부에서 끌어와야 한다. 점차 성장해 이익을 내기 시작하면서는 투자자에게 자금사용에 대한 대가(배당)를 지급한다. 그 후 쇠퇴기가 되면 정리를 하고 사업을 중단하게 된다.

과거 섬유나 신발제조 산업이 호황이었다가 경제가 발전하면서 사양사업이 되었다. 시간이 지나면 해당 산업이 구조적으로 성장성이 낮아지는 때가 오고야 마는 것이다. 이럴 때에 이미 사양 산업이 되어 버린 산업에 투자하는 것은 돈이라는 귀한 자원을 비효율적으로 사용하는 것이다.

기업의 투자는 단순히 많이 한다고 좋은 것이 아니다. 기업이 망하는 가

---

5 2015년 발표된 맥킨지 보고서는, 기업의 평균 수명이 1935년에는 90년에 달했지만, 1975년에는 30년, 1995년에는 22년으로 단축 되었으며 2015년에는 15년에 불과 할 것이란 전망을 내놓은 바 있다. 1999년 포천 500대 기업의 거의 50%가 10년 사이에 사라지기도 했다. 국내 기업도 마찬가지여서 한국무역협회의 2021년 '기업 벤처링 경향과 시사점' 보고서는 국내 기업의 평균 수명이 1958년에는 61년이었지만 2027년에는 12년 정도일 것으로 전망했다.

장 큰 이유 중 하나가 투자를 잘못해서이다. 일상적으로 행하는 영업과정에서는 실수해도 만회할 수 있으나 투자의사결정이 잘못된 경우는 되돌리기 어려울 수 있다. 따라서 경영자의 가장 중요한 핵심 의사결정이 투자의사결정인 것이다. 삼성전자가 이렇게 성공할 수 있었던 것은 제때에 반도체에 투자했기 때문이며, 일본 반도체나 LCD 산업이 쇠퇴하게 된 것은 제때에 투자를 하는 의사결정을 못했기 때문이다.

기업은 투자 기회가 있을 때, 투자기회를 포착 수 있도록 적절한 투자를 해야 한다. 100원을 투자해서 110원이 나올 사업이라면 투자를 하면 된다. 만약 투자안이 기업이 자금을 조달할 때 드는 비용 이상의 이익을 가져오지 않을 것이라면 투자를 하지 않아야 한다. 기업이 하고 있는 사업에서 아무리 봐도 100원 투자해서 90원 밖에 나올 기회만 있다면 그 돈은 투자를 하지 않는 것이 낫다. 주주에게 돈을 환원해 주주들이 더 나은 기업에 투자를 하도록 결정하게 하는 것이 맞다. 주주들은 섬유 대신 성장기회가 더 높은 2차전지 사업, 자율주행차, 반도체 등에 투자를 선택할 수 있을 것이고 그 돈은 더욱 가치있게 사용될 수 있다. 즉 기업이 충분한 이익을 내지 못할 것이라면, 배당을 하여 그 자원을 더 나은 기업이 사용할 수 있게 하는 것이 효율적이다.

배당과 투자

높은 배당을 주는 것은 투자를 게을리 하기 때문이 아니다. 주주에게 돌려주는 몫으로 인해서 투자가 감소한다는 것은 투자를 많이 할수록 좋다는 그릇된 가정에 근거한다. 투자는 향후 가져 올 성과가 높은 곳에 더 많이 해야 맞는 것이다.

기업이 스스로의 성장기회를 놓치면서까지 배당을 주는 것은 적어도 장기 투자하는 주주들도 원하는 바가 아니다. 성장이 필요할 때 투자를 해서 기업을 키우고 충분한 이윤을 남길 수 있으면 그것이 주주에게도 더 이익이 되기 때문이다.

앞서 언급한 자문회 보고서에서 "국내 대표적 비금융 상장기업들의 당기순이익 대비 배당과 자사주 매입의 비중을 보면 네이버나 셀트리온 같이 비교적 새로운 산업에서 빠르게 성장하고 있는 기업들은 배당과 자사주 매입의 비율이 비교적 낮고 상대적으로 성숙한 산업에 속해 있는 현대차, 포스코, 한국전력공사, SK이노베이션 등은 당기순이익 대비 배당과 자사주 매입의 비율이 40%를 초과"한다고 서술한 것 자체가 바로 성장기회가 많은 기업은 배당 대신 유보를 해 내부자금으로 투자를 하고, 상대적으로 성장 기회가 적은 기업은 주주에게 돌려준다는 것을 보여주고 있다.

"SK이노베이션, 롯데쇼핑 등은 거액의 당기순손실이 발생하는 해에도 수천억 원의 배당을 지급"이라는 부분도 문제될 것이 없다. 배당은 당기순이익 중 그동안 주주가 받아가지 않고 회사에 남겨 놓은 부분을 기록한 이익잉여금 범위에서 한다. 애초에 이익잉여금이 주주의 몫이니 그것을 받아가는 것이 문제가 될 것이 없다. 회사는 주가관리를 위해서도 안정적으로 배당을 주는 것이 좋다. 이를 위해 평소에 재원을 마련해 놓아 일시적으로 손실이 난 해라도 영업의 근간이 훼손되지 않았다면 배당을 지급할 수 있도록 한다. 댐을 만들어서 평소에 물을 저장했다가 가뭄이 들었을 때에도 방류량을 일정하게 해 물을 사용할 수 있도록 하는 것과 마찬가지다.

배당이 늘어나면 인건비도 늘어나야 공평할까?

기업의 수익성이 향상되었을 때 주주에게 돌아가는 몫은 증가한 반면 인건비 지출 비중은 큰 변화가 없기 때문에 기업 내 소득분배가 악화된다는 주장이 있다. 주주가 받아가는 몫은 모든 비용을 제외하고 난 맨 나중의 순이익이기 때문에 매출이 성장할 때 인건비가 늘어나지 않거나 인건비 비율이 줄어들면 당기순이익이 증가해 주주가 받아갈 몫이 많아지는 것은 사실이다.

그러나 순이익이 늘어나고 배당이 늘어나는만큼 인건비가 늘어나야 공평할까? 그렇지만은 않다. 맨 나중에 받아간다는 것이 자기자본 제공자의 가장 큰 특징임을 설명한 바 있다. 따라서 주주들은 기업의 이익이 충분히 나지 않으면, 배당을 받아갈 수 없다. 기업의 성과에 연동해서 받아가는 것이다. 근로자는 성과가 잘 나오지 않더라도 기업이 망하지 않는 이상 보상을 받아 간다.

물론 기업의 성과가 좋은 경우, 그에 기여한 근로자에게 성과급을 주는 것도 필요하다. 그러나 단순히 주주가 받아가는 배당이 많으니 근로자에게 더 주어야 한다는 주장은 타당하지 않다. 그렇다면 회사가 이익을 내지 못할 경우에는 주주가 배당을 못 받거나 손실을 보기 때문에 근로자도 보상을 줄이자는 주장도 가능하다.

배당이 적은 국내기업

한국 주식시장이 저평가되는 이유 중 하나로 꼽는 것이 주주에게 환원을 잘 하지 않는다는 점이다. 국가가 가난해 금융자산이 부족하던 시기에 주주에게 환원하기 보다는 회사가 재투자를 하는 것이 더 나은 의사결정이었던 과거의 역사가 있다.

하지만 오늘날 국내 기업이 배당을 잘 주지 않는 것은 지배구조의 문제가 크다. 지배주주가 가진 지분률이 적다 보니, 경영권을 가지는 지배주주로서는 배당을 주지 않고 회사의 규모를 키우든지, 경영자로서 막대한 보상을 받아가든지 일감 몰아주기와 같은 행위를 하는 것이 자신들에게 더 큰 이득이 된다. 배당을 하는 경우 지분률에 따라 받아가기 때문에 지배주주가 회사 이익의 일부만을 자신들의 몫으로 할 수 있기 때문에 기피하는 것이다. 이러한 지배구조가 나아질 기미가 없다면, 소액주주들이 기업으로부터 받을 것이라고 기대할 수 있는 부분은 극히 적어진다. 주식을 사도 의미가 없기 때문에 주가는 떨어진다. 배당을 안 주는 것이 기업가치를 높이는 행위가 아닌 것이다.

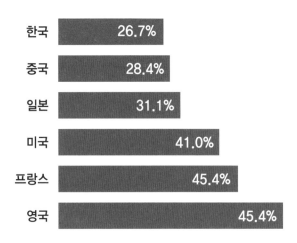

2021년 주요국 상장사 배당성향
출처: 대신증권.

이제 우리나라의 경제도 선진국 대열에 들만큼 성장했고 역사가 오래되면서 성숙기에 접어들었거나 쇠퇴기에 접어드는 산업과 기업들이 있다. 주식투자를 하는 이들도 장기보유를 하기 위해서는 중간에 안정적인 배당 수익을 얻을 필요가 있다. 주주들에게 기업의 이익을 환원하는 것은 결코 비난받을 일이 아니다.

후기

어릴 적, 라디오 키트를 만드는 것이 유행이었던 시절이 있었습니다. 안테나와 저항, 트랜지스터 따위를 기판에 배치하고 납땜을 하여 이은 뒤, 스위치를 켰을 때 치칙 거리는 잡음을 지나, 튜너를 돌려 맑은 음악이 스피커에 울릴 때 한없이 기뻤습니다. 약한 전파를 수신하여 트랜지스터로 증폭하여 스피커를 울리는 단순한 구조의 라디오였지만 라디오에서 소리가 나오는 과정을 상상하면 경이롭게만 느껴졌습니다. 스마트폰이 일상화된 오늘날에도 가끔 늦은 밤 조용히 울리는 아날로그 라디오 소리를 들으면 여전히 신기하고 감동하게 됩니다.

세상에 흔하고 흔한 회사를 볼 때도 비슷한 느낌입니다. 회사에 다니던 시절의 저를 비롯하여, 회사에 다니는 친구들이 하나같이 회사에 대한 불만을 토해내곤 하지만, 이들이 모여 회사를 통해 이루어낸 놀라운 성과물들을 바라보면 언제나 신비롭습니다. 회사라는 조직이 단지 구성원의 합이 아니라 자체의 생명력이 있는 존재라는 것을 느낄 때마다 새롭습니다. 회사라는 조직이 어떠하기에 이렇게 엄청난 일들을 할 수 있는 것일까 들여다보고 싶었습니다. 이 책을 통해 제가 보았던 회사의 한 자락을 여러분께 소개하고 싶습니다.

회사가 어떻게 자금을 모아서 키우고 성장해 나가는지, 채권자와 주주가 어떻게 다른지, 주식회사와 다른 회사의 차이는 무엇인지, 주식회사라는 제도는 어떻게 형성되었는지를 알리고 싶습니다. 주식투자라는 것이 근본적으로 무엇에 투자를 하는 것인지, 공개된 주식시장이란 것이 얼마나 흥미로운 것인지 이야기하고 싶습니다. 기업지배구조라는 것이 도대체 무엇을 의미하는 것인지, 왜 어려운 것인지, 기업이 사회적 책임을 져야 할 이유는 무엇일지에 대해서 생각을 나누고 싶습니다. 라디오처럼 주식회사라는 제도를 제가 얼마나 대단하고 신기하게 느끼는지 그 흥분을 함께 하고 싶습니다. 저의 두근거림이 독자분들에게 조금이라도 전달되었기를 바랍니다.

이 책이 나오기까지 오랜 고민의 시간이 있었습니다. 경영학을 전공하고 가르침에도 회사라는 것에 대해 제대로 알고 있지 않다는 불편함이 계속되었습니다. 교수임에도 아는 것이 너무나 없다는 생각에 무척이나 위축되기도 하였습니다. 아이가 조약돌을 모으듯이 궁금했던 점들을 스스로 정리해 나갔던 과정이 한 권의 책으로 묶여져 나오니 의미 있는 작업을 한 듯하여 기쁩니다.

1990년 보이저 1호가 태양계를 벗어나면서 찍은 지구의 사진은 눈에 제대로 보이지도 않는 바늘구멍만한 희미한 파란 점입니다. 우리를 비롯한 모든 생명체는 막막한 우주의 희미한 파란 점에서 찰나에 태어나고 사라집니다. 이 기막힌 우주의 한가운데에서 독자분과 함께 할 수 있음에 감사합니다.

주식회사 이야기

초판 인쇄 2023년 2월 17일
초판 발행 2023년 2월 28일

지은이 이준일

책임편집 심재헌
편집 김승욱 박영서
디자인 최정윤 조아름
마케팅 정민호 이숙재 박치우 한민아 이민경 박진희 정경주 정유선 김수인
브랜딩 함유지 함근아 김희숙 고보미 박민재 박진희 정승민
제작 강신은 김동욱 임현식

발행인 김승욱
펴낸곳 이콘출판(주)
출판등록 2003년 3월 12일 제406-2003-059호
주소 10881 경기도 파주시 회동길 455-3
전자우편 book@econbook.com
전화 031-8071-8677(편집부) 031-955-2689(마케팅부)
팩스 031-8071-8672
ISBN 979-11-89318-40-6 03320